みんなで なでしこ

まるごと
女子サッカー上達法

「じゃまじゃまサッカー」からはじめる
男女フットボール学習

山本雅行
【編著】

いかだ社

楽しく遊びながら、サッカーの基本を身につけよう

空前の女子サッカー人気の高まり

　2011年、女子サッカーワールドカップで日本が初優勝を果たし、澤穂希(さわ ほ まれ)選手がこの年のFIFA女子年間最優秀選手（バロンドール）に選ばれました。ワールドカップの後、ロンドン五輪出場権を獲得し、2012年のアルガルベカップでは準優勝に輝きました。日本の女子サッカーが名実共に世界トップレベルへ辿り着いた証です。

　日本では今、女子サッカーは空前とも言える盛り上がりを見せています。なでしこたちの活躍を見て「私もサッカーをやりたい！」と思う子どもたちが大勢いることでしょう。しかし、女子がサッカーを学べる環境は、決して恵まれているとは言えません。

小学校でもっと男女協同のサッカー学習を

　女子が義務教育の中でサッカーを学べるのは今のところ小学校だけで、中学以降の授業でサッカーができる学校は多くありません。では小学校で男女ともにサッカーの授業ができているかと言えば、十分とは言えないのが現状です。試合は男女別、男子はサッカー女子はバスケ、うまい子たちだけがボールを持ち、他の子や女子はつまらなさそうに授業の終わりを待つ…残念ながらそのような光景が多く見られます。

　小さい頃から基礎練習を積み、男子に混じってサッカーをしたことが今に役だっていると、多くのなでしこたちが答えています。ならばなおさら、小学校では男女の区別なく一緒に、誰もが楽しんでサッカー学習をすることが大事だと思います。

　サッカーの内容に男女の違いはありませんが、本書の題名をあえて「女子サッカー」とした理由は、女子がもっとサッカーに触れ、学び、楽しさを味わえるチャンスをつくりたいと思うからです。

やさしいところから徐々に本格的なサッカー学習へ

　"思い通りにボールが運べる" "友だちにパスを渡せる・受け取れる" "相手にボールを取られないように保持する" "相手のマークを外す"
——他の球技と大きく違うのはこれらを足で行うことで、ここにサッカーの難しさがあります。習っている子とそうでない子との差が大きく、サッカー学習は敬遠されがちになってしまうのです。

そこで本書では、まずボールを思い通りに扱う技術を高めるためのサッカー遊びから始め、最終的には4対4のミニゲーム（クワトロゲーム）までを紹介しています。11人制でない理由は後ほど述べますが、サッカー学習に必要とされる技術的内容を、やさしい段階から徐々に高度で本格的な内容のものに段階を追って進めていきます。

「サッカー学習に役立つ遊び」

　サッカーの動き方に役立つ、ドリブルの技術を高める、パスの能力を高める、コンビネーションを高めるなど、ねらいに沿った遊びを紹介します。これらは試合の場面で欠かせない技術を養うためのものですから、必要に応じて授業の始めや練習時に教えると効果があります。目安として学年が示してありますが、こだわらずに子どもたちの実態に合わせて実践してください。

「じゃまじゃまサッカー」"遊び"から"ミニゲーム"へ

　低学年や中学年（未経験者が多い場合は高学年でも）でのサッカー学習の初期段階では、誰もが取り組みやすい「じゃまじゃまサッカー」（p64）をします。"遊び"から"ミニゲーム"へ発展していく過程で、本書で大事な位置づけとなる教材です。攻防が入り乱れるサッカーのルールではなく、攻撃と守備を分けて行います。野球のように表と裏で攻守の交代がある試合です。

「じゃまじゃまサッカー」を通して獲得させたい力

①空間を認識する力をつける。空きを見つける・つくる。
②ドリブルやフェイント、ボール保持の技術を身につける。
③グループでの課題発見学習を進めることができる。
　これらの技術内容は、高学年になって本格的なミニゲームをする際に必要とされるものばかりです。授業の後半はじゃまじゃまサッカーをしましょう。
　誰もがシュートする喜びを味わえる「じゃまじゃまサッカー」ですが、自分の思うところにボールを運ばなくてはならず、そのためにはドリブル・フェイント・ボール保持など技術的な指導が必要となります。これらはp54からの「ボール操作の基本」を参考にしてください。各自が家で練習する助けとして"練習カード"も紹介しています。

「ミニゲーム」

　サッカーと言えば11対11が"常識"です。子どもたちもやりたがる場合がありますが、授業で取り組む場合、いきなり行うのは無理で

すし現実的ではありません。教育の一環として位置づけるのですから、サッカーの何を中心に教えるべきかが問われなければなりません。

　私は、駆け引きのある中での"2人のコンビネーションによるパス・シュート"を、どの子もわかってできるようにすることと考えています。そして、攻防入り乱れるサッカーゲームの最終段階をクワトロゲーム（p88）と位置づけています。「4＋1対4＋1」で、＋1はゴールキーパーです。ミニゲームとはいえポジショニングが必要となり、必要最小限のコンビプレイが攻撃においても守備においても出現します。プロでも駆け引きの熟達のためにこのクワトロゲームをします。

　本書で最終のサッカーゲームをクワトロゲームとしている理由はそこにあります。

「クワトロゲーム」のねらいと獲得させたい力

①3対3までのゲームと違い、広い視野を身につけやすくなる。
②周りとのコンビプレイをする必要があり、それらのプレイを身につけやすくなる。
③プレイに関わる機会が多くあり、個人の技術を発揮しやすくなる。

　このゲームは、サッカーのさまざまな要素を含む最小単位として、世界で重視されています。将来の11人制のサッカーにもつながる必要な要素を身につけていくことができるというのがこの4対4の考え方です。

チームで教えあい学びあう

　サッカーはチームプレイですから、個々人の技術はもちろんチームとしての技術の向上を目指します。遊びやミニゲームを単発で終わらせることなく、次の練習や試合にどう生かすか。試合結果から自チームの課題・個人の課題を明らかにし、みんなで課題克服のための練習方法を探します。その時教師は、教えたい内容を子どもたちに指し示したり、子どもたち自身で見つけさせたりします（グループでの課題発見学習）。そのために必要なゲーム分析の材料を次に紹介します。

グループノート・ボール軌跡図・心電図

　授業を構想する際に必要なのは、子どもたちの技術獲得の見通しをしっかりもって計画することにあります。そこで必要になってくるのが"グループノート"（p92～）で、これを用いてゲームを分析・総合することで作戦・戦術の学習ができるようにします。またグループノートの他に、ゲーム分析のために必要な"ボール軌跡図""心電図""ビデオ"などをあわせて使います。

【ボール軌跡図】
コートでのボールの動きを明らかにすることで、使われていない地域を発見する役割をする。
【心電図】
チームのメンバーがどれだけボールに触れているかの触球数、パスがどのようにつながっているかを明らかにする。
【ビデオ撮影】
コート全体の使われ方や個々人の動き、パスがつながる時の様子など全体にわたることがわかる。
※ビデオ撮影による情報は多過ぎるので、ボール軌跡図や心電図でグラウンドの使い方やパス交換の様子などがわかった段階で使うと効果的。

授業のながれ

　1）ウォーミングアップ
　2）試合の課題に合ったボール遊び
　3）作戦練習
　4）試合
　5）グループノートによるその日の試合のまとめと次の授業への準備
　この話しあいで個人・チームのよかった点と練習課題を見つけ、次回の授業の作戦と作戦練習を決めます。

　1年生から6年生まで男女ともに、サッカー学習に系統的に取り組んでいただきたいと願っています。1人でも多くの子どもたちが「サッカーって楽しい」「サッカー大好き」と感じてくれたら、これ以上の喜びはありません。

2012年3月
山本雅行

　冒頭で中学以降の女子のサッカー環境の少なさを述べましたが、女性のサッカー人口の増加、日本サッカー協会ほか各方面の努力もあり、女性が入れるクラブは現在全国で3万6000にものぼると言われています。
　サッカーをやりたい・続けたいと願う子たちに、近くのチームをインターネットなどで探してあげましょう。たとえば日本サッカー協会の公式サイトには女子チーム検索ページがあり、"都道府県""年齢"などの条件から探すことができます。
サッカーやろうよ！女子チーム検索サイト
http://www.jfa-teams.jp/

参考資料：『なでしこゴール！』（砂坂美紀他・著　講談社）

目次

楽しく遊びながら、サッカーの基本を身につけよう………2

サッカー学習に役立つ遊び

しっぽ取りゲーム………………8
タッチ背中鬼………………10
ウサギとカメ………………12
だるまさんがころんだ………………14
あんたがたどこさ………………16
ボール相撲………………18
ごちゃまぜドリブル………………20
くやしい（ボール蹴り出しゲーム）………………22
円形ドリブル………………24
ぐるぐる回って鬼ごっこ………………26
8の字ドリブル………………28
せーのでボール取りっこ………………30
連続ディフェンス・かわしシュートゲーム………………32
シュート・カット連続試合………………34
フットドッジボール………………36
フットテニス………………38
三角ベース・キックベース………………40
2対1のパス遊び①………………42
2対1のパス遊び② 2人で協力して相手を抜こう………………44
3対1のパス遊び………………46
3対2のパス遊び………………48
4対1、4対2のパス遊び………………50
ゴールを揺らそう………………52

ボール操作の基本

- 家でもできる練習…………………54
- リフティング………………55
- ドリブル………………56
- キック………………58
- トラップ………………60
- フェイント………………62

「じゃまじゃまサッカー」からミニゲームへ

- じゃまじゃまサッカー………………64
- じゃまゾーンを使ったしっぽ取りゲーム………………66
- じゃまじゃまパスサッカー………………68
- シュートが決まりやすい場所を探そう………………70
- 2対1のゲーム………………72
- 2対2のゲーム………………74
- オフサイドラインありの3対2………………76
- 3対2のゲーム………………78
- 3対3のゲーム………………80
- 3対3のゲーム（フルコート）………………82
- 空いたスペースに走りこみシュート（陰から出る人）………………84
- 4対3のゲーム（フルコート）………………86
- クワトロゲーム（4+1対4+1）………………88
- ゴールキーパーの技術………………90
- グループノートをつくろう………………92
- ボール軌跡図・心電図………………96
- ルールづくりやゲームの運営を自分たちでしよう………………98

サッカー学習に役立つ遊び

しっぽ取りゲーム

幼児、低・中学年

【用意するもの】はちまきやタオル…1人2本　ラインカー

ねらい

しっぽを取られないように逃げたり追いかけたりすることで、空間認識・予測判断能力を育てる。

やり方

① 腰にしっぽ（はちまき・タオルなど）を1人2本ずつつける。
② 合図で2チームがコート内に入る。
③ コート内で相手チームのしっぽを取り合う。
④ 腰の両側につけているしっぽを1本でも取られたらアウトで、自分の陣地に戻る。
⑤ しっぽが残っている人数で勝敗を決める。

ルール

■しっぽを1本でも取られたらアウト。
■時間は2分間。
■あぶない取り方はしない。
■あぶなくなったら陣地に逃げてもよい。

指導のポイント

【作戦の工夫】
● 2人または3人で仲間をつくり、相手を囲んだり、おとりになったりして、相手のしっぽを取りに行く。
● 攻めがくずれたら、自分たちの陣地に逃げこんで、もう一度作戦の立て直しをする。

ゲーム用コート

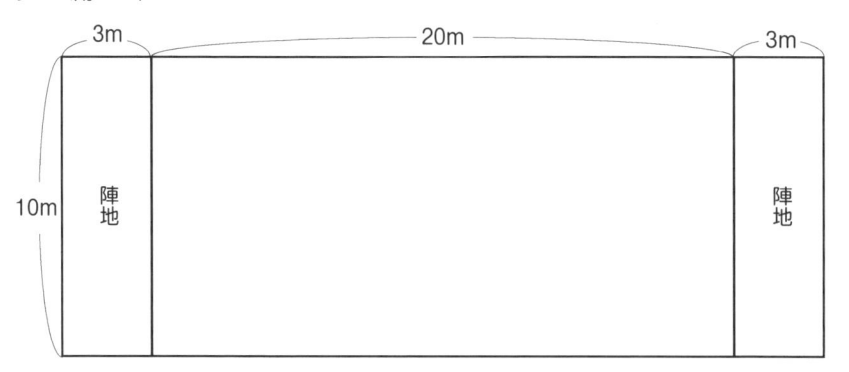

	3m	20m	3m
10m	陣地		陣地

サッカー学習に役立つ遊び

まてー
白のしっぽを
とるぞー

ヤッター
2本
とった!!

# タッチ背中鬼

幼児、低・中学年

【用意するもの】ラインカー

ねらい

鬼ごっこには"敵の動きに合わせて判断する""さまざまな方向に走る""視野を広く持つ"など、サッカーに必要な動きが多くある。この力を身につける。

やり方

① 全員が輪になって並ぶ。輪の大小は人数による。
② 「ヨーイ、スタート」の合図の後、輪の中で人の背中にタッチする。
③ タッチされた人はその場にすわる。

指導のポイント

●一方向ばかりに気を取られていると、タッチされてしまう。常に顔を上げて相手の動きを見ながら走ることがコツ。横や斜め、後ろ向きにダッシュしたりして動き回ろう。

サッカー学習に役立つ遊び

ウサギとカメ

幼児、低・中学年

【用意するもの】サッカーボール…1人1個(第2バージョン)

ねらい

空きを見つけ、タッチされないよう素早く通り抜けるための空間認識・予測判断能力を育てる。

やり方

① 図のように川のラインをひく。体育館など床のあるところがよい。
② 人数は、川の幅や長さをどれくらいとれるかによって調整する。
③ 合図でウサギ全員がスタートする。
④ カメ役は川の中で図のような姿勢になり、つま先でウサギ役にタッチする。タッチされたウサギ役はアウト。
⑤ ウサギはカメの間を走り抜け、カメのいる川を渡りきる。交代で行い、何人走り抜けることができたかで勝負が決まる。

【第2バージョン】
① ウサギ役が全員ボールを持ち、ドリブルで川を抜ける。
② ボールを川の外へ蹴り出されたらアウト。

ルール

■ ウサギは川を渡れたら得点となる(1人1点)。
■ カメは川のラインを越えたら反則。

指導のポイント

● ウサギ役が動かず時間ばかり経つ場合は、時間制限をするとよい。

ウサギ役

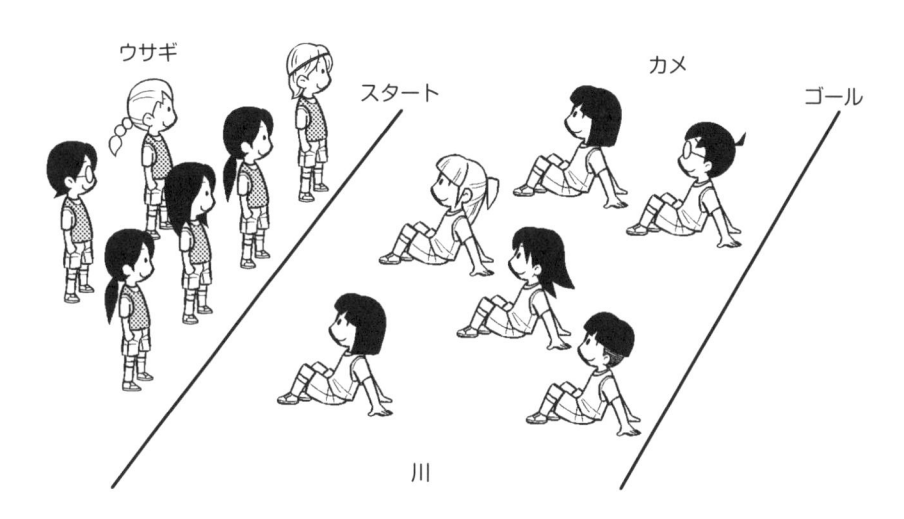

カメ役

ウサギ　スタート　カメ　ゴール

川

タッチ!!

【第2バージョン】

サッカー学習に役立つ遊び

だるまさんがころんだ

幼児、低・中学年

【用意するもの】サッカーボール…1人1個

ねらい

ドリブルしながら遊ぶことで、ドリブルのスピードコントロールの技術を高め、ルックアップの姿勢をつくれるようにする。

やり方

① ジャンケンで鬼を決める。
② 鬼はゴールの支柱を握って皆に背を向け、目をつぶって「だるまさんがころんだ」と言う。
③ 他の人たちは鬼のそばからスタート。「だるまさんがころんだ」と言う間にドリブルで離れる。
④ 鬼は言い終わったら皆の方に振り返り、止まれなかった人を指名する。呼ばれた人は鬼と手をつなぐ。
⑤ 鬼が再び「だるまさんが…」と言ったら、できるだけ早いドリブルで鬼にタッチできるよう進む。
⑥ 鬼は、皆のドリブルのリズムを狂わせるように「だるまさんが…」を言って振り返り、止まれないように工夫する。

ルール

■ 昔遊びの「だるまさんがころんだ」を、1人1個ボールを持ちドリブルで行う。
■ 鬼が振り向いた時に止まれなかった人は鬼と手をつなぎ、同じように「だるまさんがころんだ」を言う。
■ 言っている間に誰かが鬼にタッチできたら、つかまった人も鬼から手を離し、素早くできるだけ遠くにドリブルして逃げる。
■ 鬼がストップと言ったらすぐに止まる。止まれなかった人が鬼となる。全員が止まったら、鬼は3〜4歩ジャンプして一番近い人にタッチできればその人と鬼を交代する。
■ 基本的に鬼役の人は、タッチされればずっと鬼を続けなければならない。

指導のポイント

● 「だるまさんがころんだ」をしたことのない子が多い場合は、慣れるまでボールなしでやってもよい。

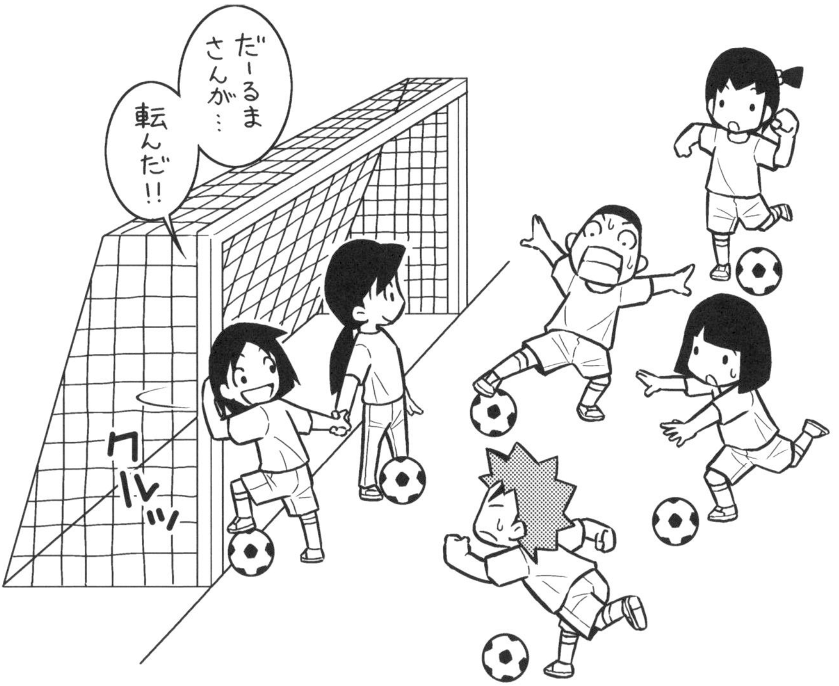
だーるまさんが…
転んだ!!
クルッ

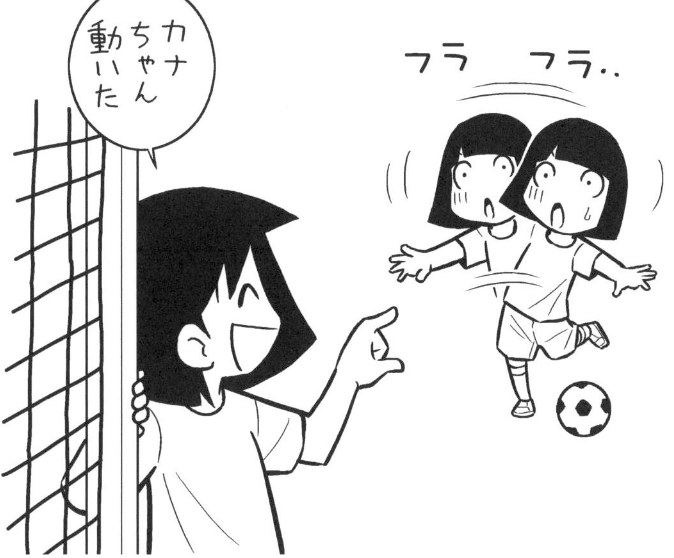
カナちゃん動いた
フラ　フラ..

あんたがたどこさ

【用意するもの】サッカーボール…1人1個

幼児、低・中学年

ねらい

インサイドを使って両足の間を往復させたり、
2人でパスしたりすることで、
ボールコントロールの能力を高める。

やり方

【1人バージョン】
① うたいながら両足の間をインサイドでボールを往復させる。
② 傍点「さ」の所で足の裏で止める。そしてまたうたいながら往復させる。
③ 「船場山…おってさ」「それを…撃ってさ」の所では、足の裏でボールを引きながら体の周りを1周する。
はじめは右足→「船場山には…さ」の「さ」で止める（足裏）。
次は左足→「それを…撃ってさ」の「さ」で止めてまた続ける。
④ 「それを…隠（かぶ）せ」の所も足の裏でボールを引きながら（左右どちらでも）1周して、最後の「せ」の所で足の裏で止める。

【2人バージョン】
① 2人でうたいながら、インサイドでパスを往復させる。
② 傍点「さ」の所でパスを出す。受け手はパスを足の裏で止めて歌を続け、「さ」でパスを繰り返す。
③ 「船場山…さ」で、受け手は1人バージョンの③を行って次の「さ」でパスを出す。出された受け手は「それを…撃ってさ」で③を行ってパスを出す。
④ 「それを…隠（かぶ）せ」の所では、2人がパスをしながら近づき、「せ」の所で2人の足裏で止める。

あんたがたどこさ　肥後さ　肥後どこさ
熊本さ　熊本どこさ　船場（せんば）さ
船場山には狸がおってさ　それを猟師が鉄砲で撃ってさ
煮てさ　焼いてさ　食ってさ
それを木の葉でちょいと隠（かぶ）せ

1人バージョン

うたいながら足の間を往復させる。　　　足の裏でボールを引きながら1周する。

2人バージョン

うたいながら2人でパスを往復させる。

サッカー学習に役立つ遊び

ボール相撲

全学年

【用意するもの】ラインカー　ストップウォッチ　サッカーボール1個

ねらい

自分のボールを取られないようにするため、相手との間に身体を入れてボールは相手の足の届かない所に置き、保持し続けることができる（スクリーンのしかたを覚える）。

やり方

① 直径3～4mほどの円（土俵）を描き、ジャンケンでボールをはじめに持つ方を決める。
② 行司の合図で開始（行司はストップウォッチで時間をはかる）。
③ 約20秒ボールを保持できたら勝ち。

ルール

■行司役は計時を兼ねる。
■交代は勝負がついた時。
■ボールを持っている人が外へ出してしまった時は負けで、相手ボールになる。
■ボールを取る人が外へ出してしまった時は、はじめにボールを持っていた人が再度挑戦できる。
■円の直径は子どもたちの歩幅に合わせて自由に変えてよい。

指導のポイント

●合図があったら素早く足の裏でボールを引き、瞬時に相手との間に身体を入れてボールを保持する。

がんばれー!!

はっけよいのこった

サッカー学習に役立つ遊び

3〜4m

このように相手と自分のボールの間に身体を入れ、相手の動きに合わせて身体を動かし、ボールを保持し続けよう。

ごちゃまぜドリブル

全学年

【用意するもの】ラインカー　ストップウォッチ　サッカーボール…1人1個

ねらい

人やボールにぶつからないように、空きを見つけてドリブルができる（ルックアップを身につける）。

やり方

① グラウンドに図のようにラインをひく（円でも四角形でもよい）。
② 広さは人数に合わせて決めてよい。
③ ラインの中を自由に動きまわり、ボールを失わずに保持する。
④ 制限時間は45秒。
⑤ ラインから出てしまった人は外で待つ。

指導のポイント

●長い時間せずに、45秒くらいで行う。

サッカー学習に役立つ遊び

あ〜出ちゃったー

顔を上げて
まわりを見て
ぶつからない
ようにしようね

くやしい（ボール蹴り出しゲーム）

全学年

【用意するもの】ラインカー　ストップウォッチ　サッカーボール…1人1個

ねらい

自分のボールを保持しながら、人のボールを外へ蹴り出す（ルックアップやスクリーンの技術を身につける）。

やり方

① グラウンドに円形のラインをひく。
② 自分のボールを保持し、人のボールをラインより外へ蹴り出す。
③ 出された人は、ボールをドリブルしながら戻って来て、「くやしい」と言ってからラインの中へ入る。
④ 2〜3分をめどにする。
⑤ 「くやしい」をなくし、外に出たらアウトにして、誰が最後に残るか生き残りをしてもよい。また、鬼（ボールを持たず蹴り出すだけの役）を決め、一定時間内に何人残れるかのゲームもおもしろい。

指導のポイント

● 隅の方で動かない子どもがいたら、中に入るようにうながす。
● よく出される子には、ライン内に戻る前に、上手な子の様子を観察させるとよい。

サッカー学習に役立つ遊び

くやしい

ポーン

くやしい

鬼役を決めてもおもしろい

上手な人を
よく見て
お手本にしよう

円形ドリブル

【用意するもの】ラインカー　ストップウォッチ　サッカーボール…1グループ1個

ねらい

小さい円、中くらいの円、大きい円を左回り・右回りすることによって、両足のアウト・インの位置を使いながら自由にドリブルできる技術をやしなう。

やり方

① 図のような円をグラウンドにラインカーで描く。
② 半径2m、4m、8mの円の円周をドリブルで回り、タイムを競いあう。
③ 1グループ3～4人。
④ 総合計のタイムが少ないグループの勝ちとする。

指導のポイント

●身体の前方でボールに触れるとボールは一歩先に行ってしまう。ボールを追いかけてはダメ。ボールを追い越すくらいのつもりでボールに近づき、身体の真下からボールを押し出すように進む。

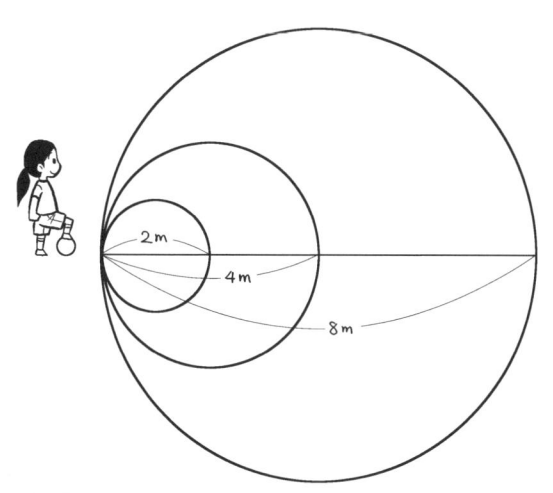

直進する場合

1　ボールの横に軸足を踏みこむ。
2　ひざを曲げ、アウトサイドでボールに触れる（左周りの場合はインサイドで）。
3　ボールと足をくっつけて押し出す感じ。
4　ひざを曲げたまま、身体全体で前に出る（2〜4までボールと足をくっつける）。
5　ひざをかるく伸ばしながらボールを押し出す。

円周を回る時は斜め前へ

サッカー学習に役立つ遊び

ぐるぐる回って鬼ごっこ

全学年

【用意するもの】ラインカー　サッカーボール2個

ねらい

速いドリブルになってもコントロールを失わずにボールを保持できるようにする。

やり方

① 図のような円をグラウンドにラインカーで描く。
② 円の周りを2人でドリブルし、片方を鬼にして追いかけっこをする。
③ ボールも人も円の中に入ってはいけない。
④ 円の大きさは適当でよいが、まずは直径5mくらいから始める。
⑤ 鬼が相手に追いつくか、自分のボールを相手に当てれば終わり。
⑥ どちらに回るかは鬼が決める。途中でターンして方向を変えながら相手を追うこともできる。

指導のポイント

● トップスピードを維持できる程度の時間に制限する（10秒か20秒）。
● ドリブルがうまくできない子が鬼の場合、鬼はボールなしとする。

サッカー学習に役立つ遊び

5〜10m

鬼

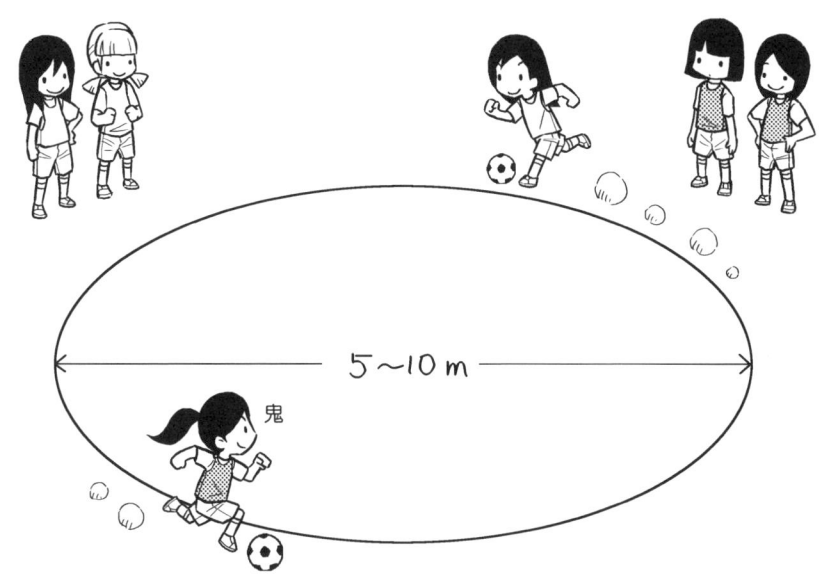

タッチ

ポーン

鬼は途中でターンしてもOK

クルッ

8の字ドリブル

【用意するもの】ストップウォッチ　ラインカー　サッカーボール…1グループ1個

ねらい

速いドリブルになってもコントロールを失わずにボールを保持できるようにする。

やり方

① 図のようにラインカーで2つの円を描く。2グループでの対戦となるので、グループの数に応じて円を描く。
② 1グループ3〜4人。
③ スタート位置から出発してAの円周を回る。1周したら、Bの円に移り、円周を回ってゴールする。
④ タイムの総合計を2グループで競いあう。

指導のポイント

●ボールコントロールを失っても元のコースに戻る。
●計時係を決め、正確にタイムをはかる。

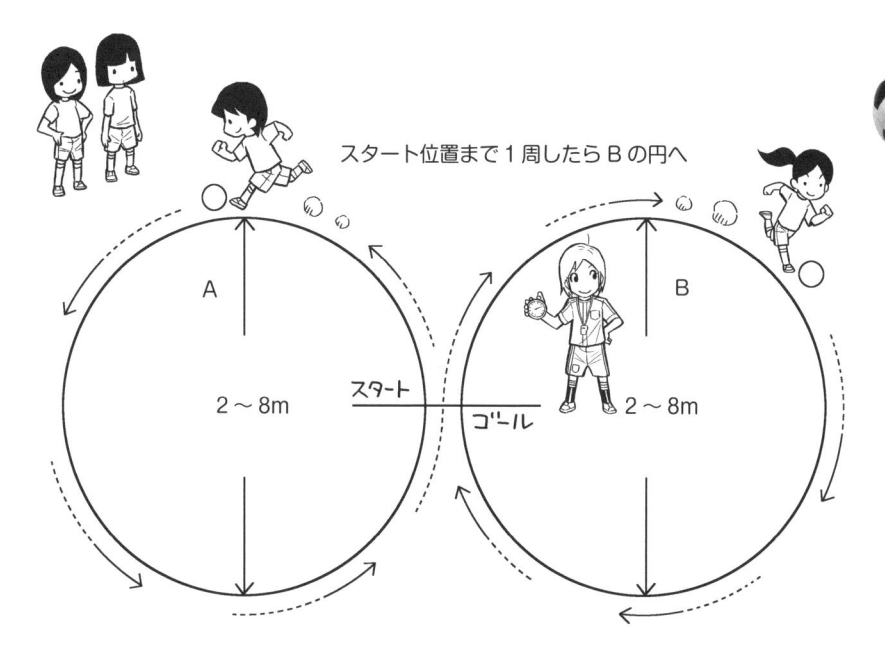

スタート位置まで1周したらBの円へ

A　2〜8m　スタート　ゴール　B　2〜8m

サッカー学習に役立つ遊び

ボールをうまく
コントロールしようね
ミスしてもまた元に
戻って走ろう

せーのでボール取りっこ

【用意するもの】サッカーボール1個　ラインカー

全学年

ねらい

「ボール相撲」（p18）でスクリーンのしかたを覚えたら、より実際の試合に近づけるために、走りながらの駆け引きの中で使えるようにする。

やり方

① ボールの出し役が1人、ボールを奪いあう役が2人。
② 出し役は、図のようにボールを前方に蹴る（手を使ってもよい）。
③ 奪いあう2人は、ボールが待機線を越えたらスタートしてボールを取りあう。
④ 取った人は待機線までボールを保持し、出し役にパスをする。
⑤ ボールを保持して出し役にわたせた方が勝ち。

指導のポイント

●奪いあう2人の力の差が大きい場合、下図のように待機線にハンデをつけるとよい。また、不慣れな方の人は出し役の動きを見ていてもよしとする。

出し役

ボールの出し役

待機線

O.K!

ヤッタ

サッカー学習に役立つ遊び

連続ディフェンス・かわしシュートゲーム

中・高学年

【用意するもの】カラーコーン…1グループ4本　サッカーボール…4人の場合2個

ねらい

プレッシャーに来る相手をフェイントなどでかわし（ボールを保持したまま）、シュートがうてるようにする。

やり方

① ボールの出し役が1人、シュート役が1人。
② 出し役は、シュート役にパスをしたら素早くシュート役の所に走り、邪魔をする。
③ シュート役は、邪魔しに来る出し役をフェイントなどでかわし、左右どちらかのゴールにシュートする（グラウンダーのシュート。ボールを浮かせない）。

【3～4人一組にしてやってみよう】
シュートをしたら出し役に、出し役はすぐにシュート役に、というようにどんどん交代していく。

指導のポイント

●はじめのうちは、出し役は邪魔をするだけ（シュート役の前に立つだけ）でよい。

ゴール

── 人の動き
--- ボールの動き

出し役

シュート役

1

シュート役の前に立つ

2

ゴール

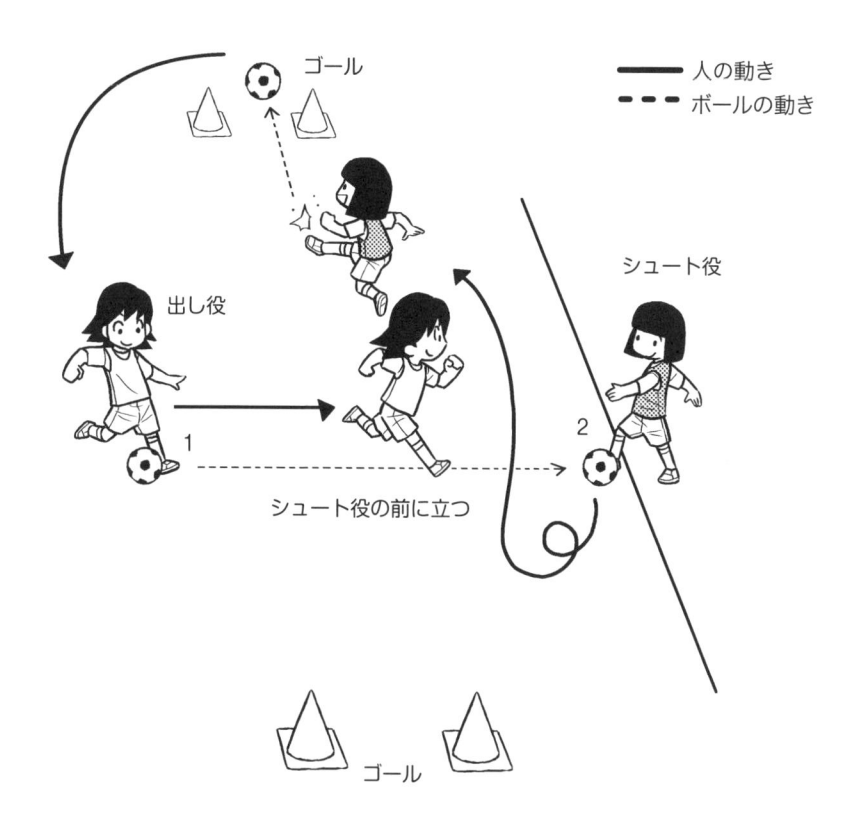

サッカー学習に役立つ遊び

【3〜4人一組にしてやってみよう】

シュートしたら
出し役に交代

ボールを出したら
シュート役に交代

シュート・カット連続試合

全学年

【用意するもの】ハードル4台　サッカーボール…1グループ1個
ストップウォッチ　ラインカー

ねらい

混雑したエリアでボールを見失わず、周りをよく見て（ルックアラウンド）、シュートやカットなどができる力をつける。

やり方

① ボールの出し役が1人、ボールを奪いあう役が2人。3人で1グループ。
② 出し役がコート内にボールを入れたら、2人はボールを取りあう。
③ 取った人はハードルのゴールにシュートする。ハードルの下を前後どちらからでも通せば1点。
④ シュートが決まったら、また出し役に戻して繰り返す。
⑤ 制限時間30〜40秒の間に何本シュートを成功させたかで競いあう。

ルール

■どのハードルにシュートしてもよい。
■ボールを持たない人は、相手ボールを奪ってシュートする。
■ボールをコート外に出した組はそこで終わり。次の順番を待つ。
■出し役は自分の組の審判と得点係を兼ねる。ボールを外に出さないかチェックし、得点を数える。

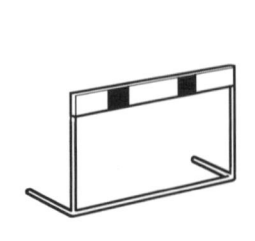

サッカー学習に役立つ遊び

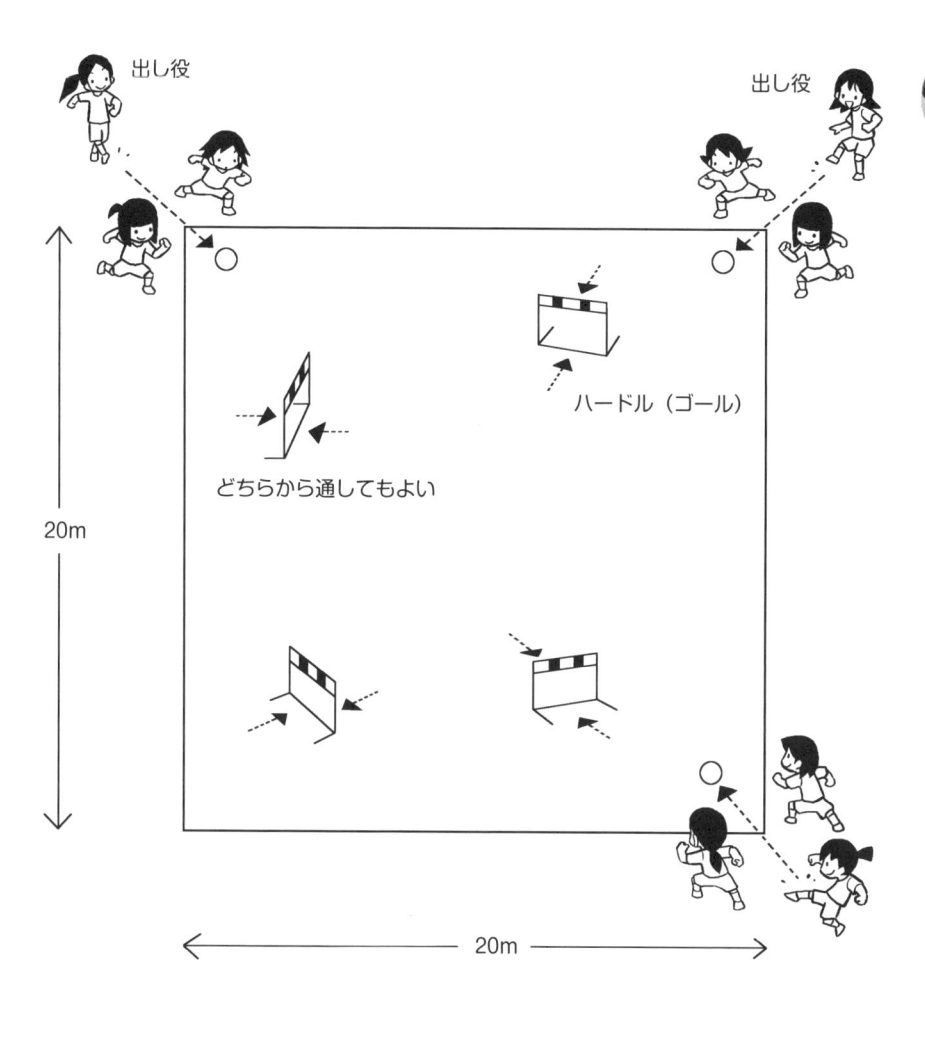

出し役　　　　　　　　　　　　　　　出し役

ハードル（ゴール）

どちらから通してもよい

20m

20m

フットドッジボール

全学年

【用意するもの】サッカーボール1個　ラインカー　ストップウォッチ

ねらい

- ●動いている人にボールを当てるには正確にボールを出さないとできないので、自然に操作能力が高まる。
- ●当てられる人は、ボールをかわすことで身体操作能力を高めることができる。予測判断や空間認識能力が高まる。

やり方

① 2チームで内野と外野に分かれて対決する。
② 制限時間（1分間など）を決め、内野と外野を交代する。
③ 野球の表裏のように回数を決め、最後に残った人数の多い方が勝ち。
④ ボールは1個から始めるが、2個以上使ってすると展開が早くなり、より正確さが求められるようになる。

ルール

- ■ボールを当てられた人はコート外に出てすわる。
- ■人数によってコートの広さを決める。

指導のポイント

- ●ねらう相手の後ろ（自分の対角線上）にいる味方にボールを出す。パスを受けた人は壁パスのようにワンタッチで蹴ると相手に当てやすい。

外野

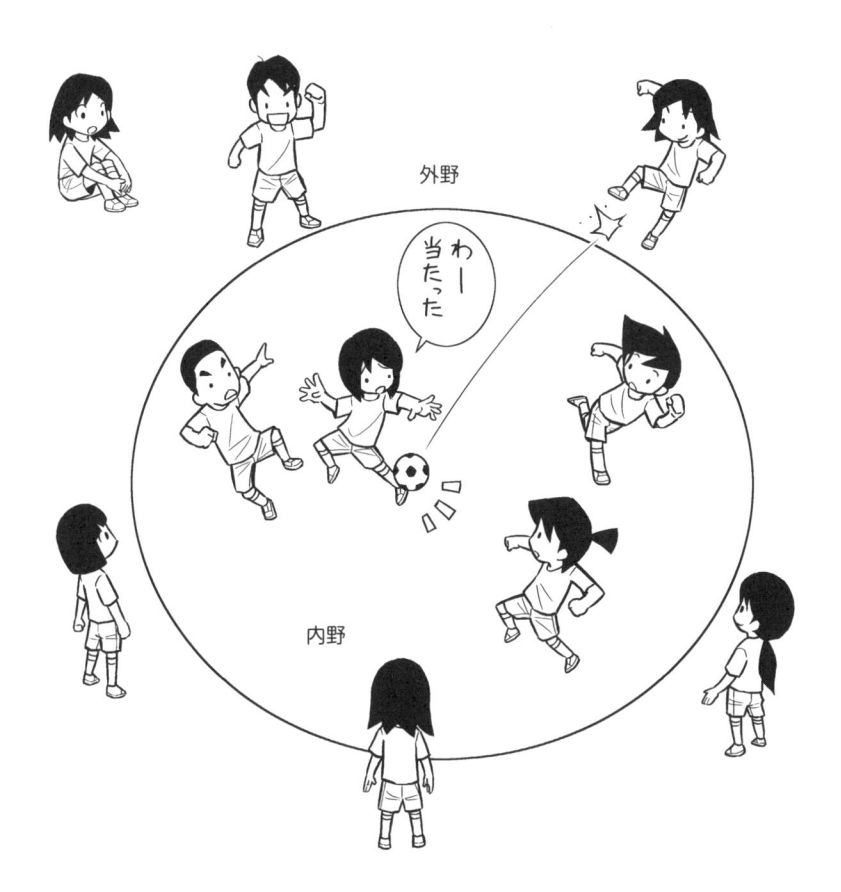

わー
当たった

内野

相手の後ろにいる味方に素早くパス。
受けたらすぐに蹴ると当てやすいよ！

あー

ボン

サッカー学習に役立つ遊び

フットテニス

中・高学年

【用意するもの】サッカーボール1個　ラインカー

ねらい

足のさまざまな個所を自由に使い、グラウンダーのボールや浮き球などを相手コートに入れることを競いあう中で、パスの技術を身につける。

やり方

① コートには2対2で入る。
② 自分のコート内からボールを蹴って相手コートに入れる。
③ 自分のコートに入ってきたボールは、ノーバウンドかワンバウンドしてから相手コートに蹴り返す。
④ 「ツーバウンド」「直接コート外へ出る」「相手コートに入らない」はアウト。
⑤ 手以外はどこを使っても可とする。
⑥ 相手のミスで1点得点。10点先に取った方が勝ち。

応用【天下取り】

① 図のように地面に線をひいて4つのブロックをつくる。
② 4人でじゃんけんをして、それぞれが入る場所を決める（上から順に天・大・中・小）。
③ 天からボールを蹴り出し、ワンバンで他のブロックにボールを入れる（どこに入れてもよい）。
④ 受けた人はワンバンで他のブロックに蹴り入れる。
⑤ ワンバンで返せなかった人は場所を移動する（蹴り入れた相手と交代）。

サッカー学習に役立つ遊び

10m
12m

【天下取り】

天 大
小 中

4m
6m

三角ベース・キックベース

中・高学年

【用意するもの】ベース　サッカーボール1個

ねらい

状況に応じて思いきり蹴ったりバントしたりして、キックの種類やタイミングを覚える。三角ベースなので全員が何回も蹴ることができる。

やり方

【三角ベース】
① 1チーム4人でできる。
② ピッチャーはホームベースに向かってボールをゴロで転がす。
③ バッターはホームベース上に転がってくるボールをキックして1塁へ走る。

【キックベース】
① 人数が多い時はキックベース。
② 9人対9人を基本とするが、人数が少なければ守備位置を工夫するなどして行えばよい。
③ 野球と同様に、ホーム、1・2・3塁ベースを置く。

ルール

※基本は野球と同じ。
■ホームに帰ったら1点。
■蹴ったボールをノーバンで取られたらアウト。
■塁に着く前にボールをタッチされたらアウト。
■ストライクを蹴らなかったら三振でアウト。

指導のポイント

●みんなで楽しめるようにルールは簡単にする。動いているボールを蹴るのは技術が要るので、キックのタイミングを覚えるためにも、スリーアウト制でなく全員が蹴ってから交代するなど工夫しよう。

【三角ベース】

【キックベース】

サッカー学習に役立つ遊び

2対1のパス遊び①

中・高学年

【用意するもの】サッカーボール…1グループ1個　ラインカー

ねらい

●鬼はディフェンダー役とし、パス回しを邪魔したりボールを取ったりする。
パスを出す時に相手の動きをよく見るようになり、ボールを受ける時の動き出しの学習となる。
●p68以降の「じゃまじゃまパスサッカー」やミニゲームの練習バージョンとして効果的。

やり方

① 3人一組で、1人が鬼になる。
② 2人は鬼にボールを触られないようにパスしながらコート内を逃げる。
③ 鬼にボールを触られたら、ミスした人が鬼になる。
④ 何回続けてパスできるかを競いあう。
⑤ 時間は40秒～1分。
⑥ コートの広さはできるだけせまい方がよい。
⑦ 慣れてきたら4人一組で、鬼を2人にしてやってみる。

指導のポイント

【2対1】
●ボールを持っていない人が、鬼に触られない所へ動けばよいことに気づかせる。
●ボールの出し役は、鬼に気づかれないようにフェイントを使うとよい。

【2対2】
●2対1以上にボールを持たない味方の動きが大切になる。できるだけ早く、鬼のいないボールをもらえる場所へ動くこと。
●パスした人もすぐに、鬼のいないボールをもらえる場所へ動く。

【2対1】鬼1人

15m

15m

こっちこっちー

【2対2】鬼2人

パスさせないぞー

サッカー学習に役立つ遊び

2対1のパス遊び②
2人で協力して相手を抜こう

中・高学年

【用意するもの】サッカーボール…1グループ1個　ゴール

ねらい

- 2人でパスを使って相手を抜く方法を覚える。
- p68以降の「じゃまじゃまパスサッカー」やミニゲームの練習バージョンとして効果的。

やり方

① コートはハーフコートを使う。
② 3人一組で、1人が鬼（ディフェンダー）になる。
③ 最初はAをやってみる。鬼の前に壁役がはじめからいて、ワンツーパスを出す。
④ 受け手はそのまま近くのゴールにシュートする。
⑤ 得点は、鬼が動かない時は1点とし、自由に動いてもよい場合は2点とする（ボールは奪わず邪魔するだけ）。
⑥ 時間は40秒〜1分。
⑦ 「鬼が動かない時、何点取れたか」「鬼が自由の時、何点取れたか」の合計を、グループごとに競いあう。
⑧ B・C・Dそれぞれ同じように行う。

指導のポイント

- 鬼が自由の時は、壁役にプレスをかけるのと同時に、シュートを邪魔しに行ってもよい（鬼が自由に動くことでワンツーパスのスピードと正確さを向上させる）。

シュートまでの動き　Aの例（鬼が自由の場合）

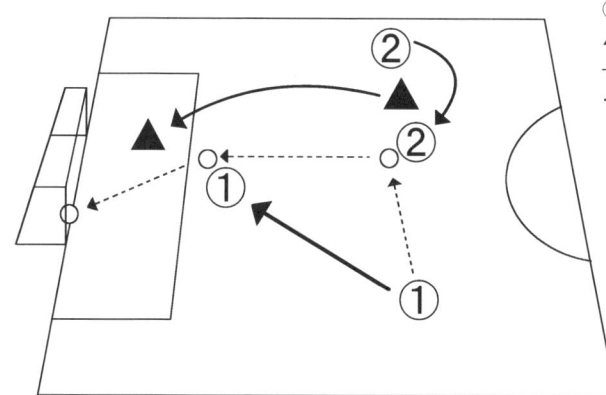

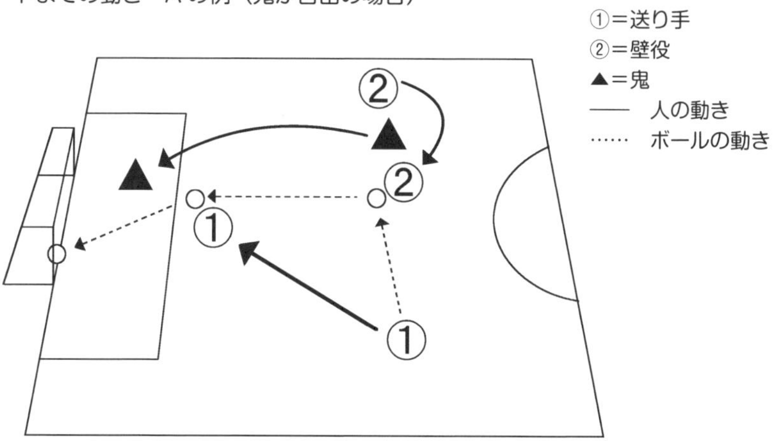

①＝送り手
②＝壁役
▲＝鬼
── 人の動き
…… ボールの動き

サッカー学習に役立つ遊び

壁役から返したパスを送り役が受けてシュートする。

|A|

壁役から送り役へパスをもどし、移動した壁役がまたパスを受けてシュート。

|B|

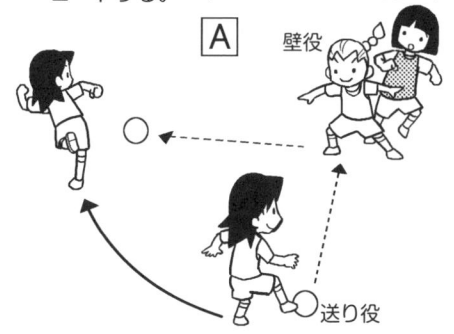

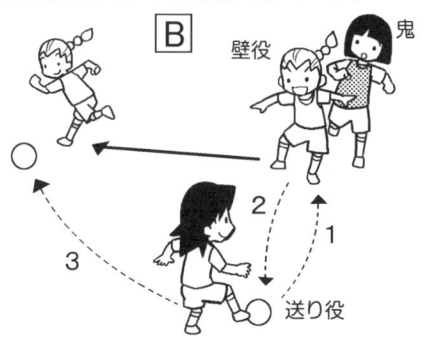

壁役へパスすると同時に勢いよくダッシュ。返ってきたパスを受けてシュート。

壁役はボールに近づいてパスを受け、タイミングを見て送り役にパスを出す。

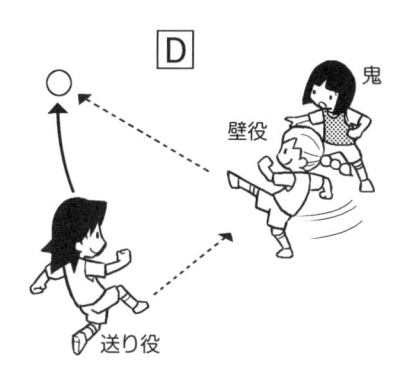

|C|

|D|

パスを蹴った足がスタートの第1歩

３対１のパス遊び

中・高学年

【用意するもの】サッカーボール…１グループ１個　ラインカー

ねらい

- パスコースを２つつくる動き出しを学ぶ。
- 鬼は、パスコースの１つをふさぎ、もう１つのコースをねらう動きを学ぶ。
- p68以降の「じゃまじゃまパスサッカー」やミニゲームの練習バージョンとして効果的。

やり方

① ４人一組で、鬼（ディフェンダー）を１人決める。
② 最初は「わくあり」でやってみる。
③ ３人は常に、ボールを持った人をはさんで両側に位置する（いつもパスコースは２つあるようにしておく）。
例：ＡがＢにパスしたらＣはＣ´の位置に動く。
④ 鬼にボールを触られたり、わくの外にボールを出したら、ミスした人が鬼になって交代する。
⑤ 時間は40秒〜１分。
⑥ 「わくあり」で動きの基本がある程度わかったら、「わくなし」で基本を忘れずに自由に動いてみる。

指導のポイント

- 「わくあり」の時、鬼が片一方のパスの方向をふさげば、ボールを持っている３人には動きの練習になるし、鬼ももう１つのコースのパスをカットしやすくなる。
- うまくなってきたら、味方を４人にしたり、鬼を２人にしていくとよい。

【わくあり】

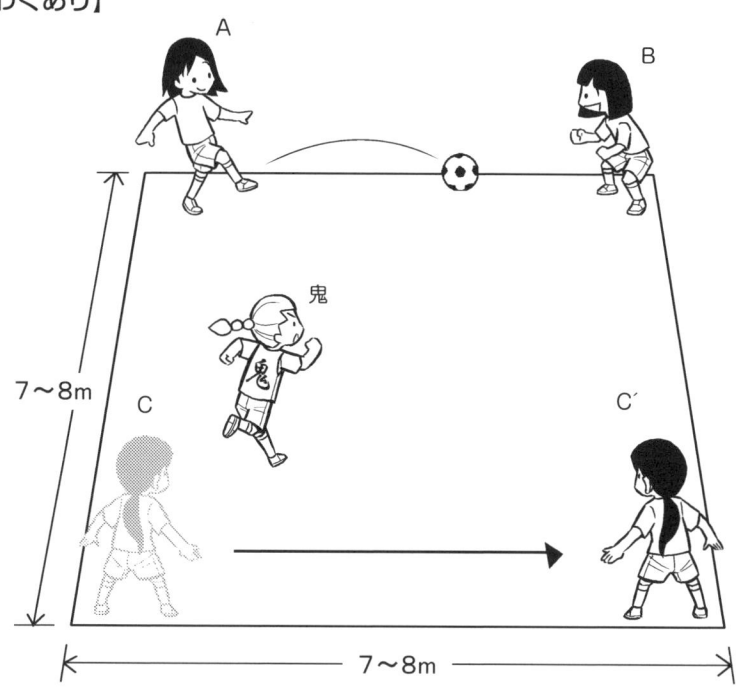

7〜8m

7〜8m

鬼

A
B
C
C'

【わくなし】

こっち
こっち!!

鬼

サッカー学習に役立つ遊び

3対2のパス遊び

中・高学年

【用意するもの】サッカーボール…1グループ1個　ラインカー

ねらい

- 「3対1」（p46）がある程度できるようになったら、3対2でやってみる。鬼役（ディフェンダー）を増やし、動きの基本の復習をする。
- p68以降の「じゃまじゃまパスサッカー」やミニゲームの練習バージョンとして効果的。

やり方

① 5人1組で、鬼（ディフェンダー）を2人決める。
② 最初は「わくあり」でやってみる。やり方の基本は「3対1」と同じ。
③ パスを回す3人は常に、ボールを持った人をはさんで両側に位置する（いつもパスコースは2つあるようにしておく）。
④ 鬼にボールを触られたり、わくの外にボールを出したら、ミスした人が鬼になって交代する。
⑤ 時間は40秒～1分。
⑥ 「わくあり」で動きの基本がある程度わかったら、「わくなし」で基本を忘れずに自由に動いてみる。

指導のポイント

- 鬼が2人になることで、パスのスピード、3人が動き出す予測判断の速さが要求され、状況は厳しくなる。パスや動き出しの正確さがより求められる。
- 状況によっては3対1に戻ってもよい。
- 「わくあり」の絵のように、「鬼DがA→Cへのパスコースをカットし、鬼Eが後ろからA→Bへのパスカットをねらう」鬼のコンビネーションプレーの学習もさせたい。

【わくあり】

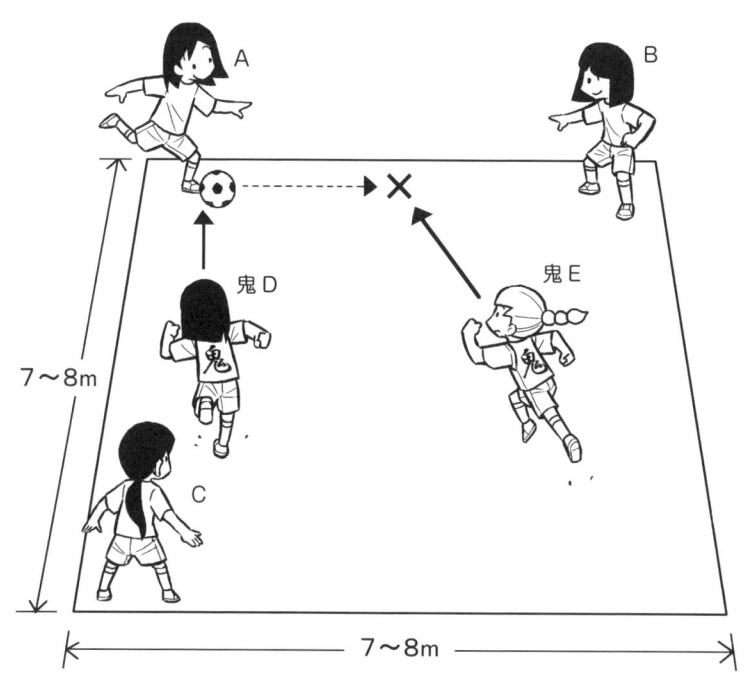

鬼D　A→Cへのパスコースをカット
鬼E　A→Bへのパスカットをねらう

【わくなし】

「パスさせないぞ」

4対1、4対2のパス遊び

中・高学年

【用意するもの】サッカーボール…1グループ1個　ラインカー

ねらい

- 3つのパスコースがあるところで、いかにボールを早く扱いパスができるかを理解させる。
- p68以降の「じゃまじゃまパスサッカー」やミニゲームの練習バージョンとして効果的。

やり方

① 半径5mの円を描き、中に5人入る。うち1人が鬼（ディフェンダー）になる。
② 円の外に出ないようにパスを回す。
③ 鬼がボールに触ったら、ミスした人が交代して鬼になる。
④ 時間は40秒～1分。
⑤ 4対1がある程度できるようになったら1人増やし、鬼を2人にして円の中で4対2を行う。
⑥ 4対1と同じようにパスを回しながら、鬼と鬼の間（門）を通すチャンスをねらう。

指導のポイント

- より素早いボールコントロールが要求される。トラップとダイレクトパスの必要が出てくる。
- 4対2の時、鬼は門を広くしないようにしながら、3対2の要領でパスカットをねらっていく。

【4対1（わくあり）】

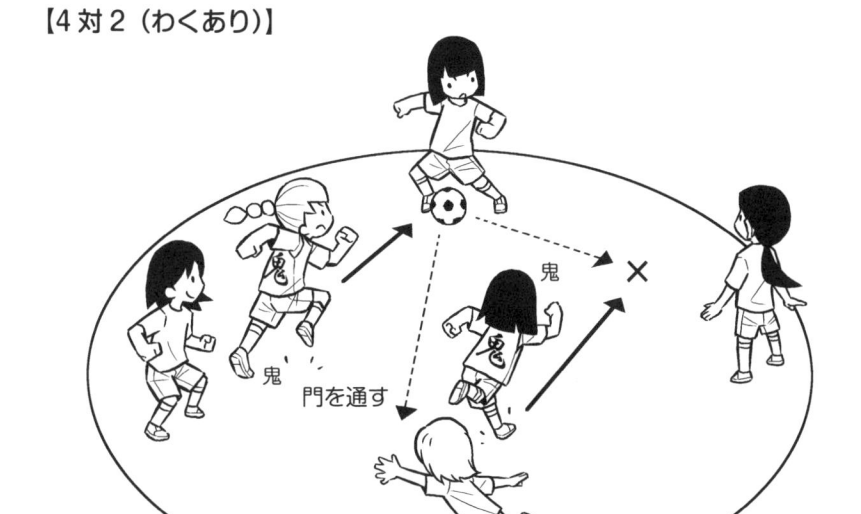

5m

鬼

【4対2（わくあり）】

鬼
鬼
門を通す

半径5mの円

サッカー学習に役立つ遊び

ゴールを揺らそう

中・高学年

【用意するもの】サッカーボール…1人1個　ゴール　ラインカー

ねらい

シュートが成功する確率の高い場所＝ゴールの「隅」を正確にねらう練習をする。

やり方

※準備として、図のように左右の「ゴール隅」を起点にラインを引いておく。
① 3〜4人でグループをつくり、2グループで勝負する。
② 左右交互に、順番に1人ずつ行う。
③ スタート地点からドリブルでシュート位置まで進み、シュートする。シュート位置は各自が届く位置を選んでよい。
④ 蹴ったら自分でボールを取りに行き、シュートコースを通らないで次の地点までドリブルで移動する。
⑤ 前の人がシュートをし、ボールを取り終えたら、次の人がシュート位置へ行く。
⑥ ゴールの隅に決まったら1点、まん中近くは0点、失敗も0点で得点を競いあう。

指導のポイント

●はじめのうちはドリブルなしでもよい。

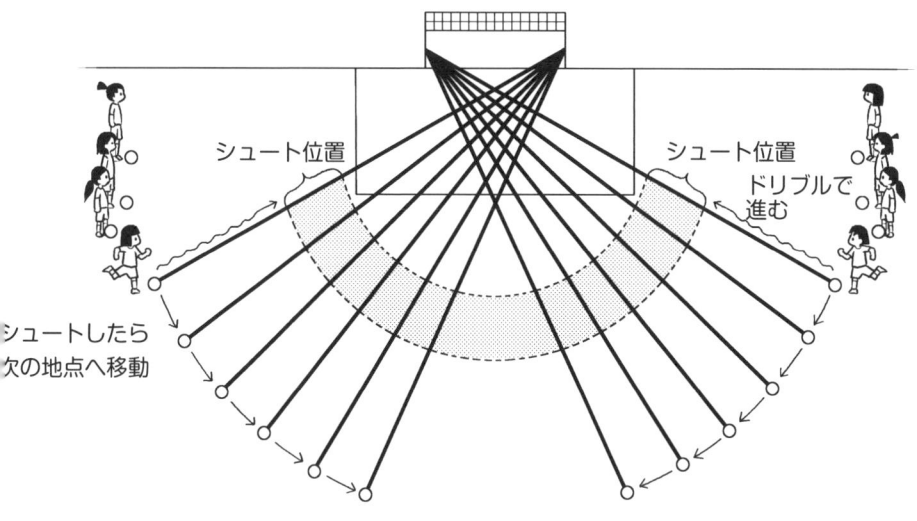

シュート位置　　　　　　　　　シュート位置

ドリブルで進む

シュートしたら次の地点へ移動

> シュートの成功は一番の喜びです。ゴールネットを揺らした時の快感は何とも言えませんね。でもボールの先にはゴールキーパーがいて、初心者はついキーパーに向かってシュートしてしまいがちです。そこでこの練習が役に立ちます！

サッカー学習に役立つ遊び

ボール操作の基本

家でもできる練習

ねらい 授業時間では覚えきれない基礎的な個人戦術上の技術を家庭で補うもの。宿題にして出し、達成できた人は下記の表を拡大して名前を入れてあげるようにすると、より一層効果的となる。

1人でできるサッカー上達練習カード　名前（　　　　　　　　　）

はじめは、ボール慣れから始めよう！　家でする場合、サッカーボールと同じくらいの大きさのビーチボールがいいでしょう。その他ではテニスボールでもかまいません。裸足でするのがボールの感覚を身につけるのに最適です。ボールは必ず自分の足が届き、自由に扱える所にあるようにしましょう。

項　目	体の場所	最初時間		目標		達成	
缶やイスをまん中に置いて、その周りを左から回ったり右から回ったりする。4周しましょう。まずは、足の裏を使って後ろ向きになって、自分の方に引きながら回る。 ＊腰を低くし、ひざを曲げてリズムよくステップする。	足の裏	＊		＊		＊	
	回る方向	左	右	左	右	左	右
	左足だけ						
	右足だけ						
	両足交互						
次は、アウトサイド・インサイドを使ってしましょう。 ＊ボールを押し出す感覚	左アウト						
	右アウト						
	左イン						
	右イン						
	両サイド						

項目	体の場所	始め	目標	達成
リフティング 【ひざでのリフティング】はじめは手にボールを持って、左右のひざに落として感覚をつかみよう。 ＊ヘソの位置までバウンドさせ、左右交互に打ちましょう。 ＊目の高さ以上に上げない。	＊ ひざの平らな部分	 回	 回	月 日
【ワンバンリフティング】 ＊ボールの底の中心をチョンと軽くつつく感じでやってみよう。	インステップ（親指の付け根あたり）	 回	 回	月 日
フェイント ボールだけでなく体を動かすフェイント。 はじめは動かないものを前に置いてやってみよう。イスでもOK。　こんな練習もしよう	＊ 視線は右方向に向けながら、左足アウトサイドでボールを左側に蹴りだす。	始め	目標	達成

リフティング

ねらい

- リフティングでサッカーが必ずしも上手になるわけではないが、ボールと自分との関係づくりには役立つ。ボールの空気圧を感じることで力の入れ具合を調節し、バランスの保ち具合をコントロールできるようになる。そのことがボールへの自分なりの触れ方の理解をより深める。
- 実践的には、安定してリフティングができるようになったら、自分の思う方向に移動できるように練習する。そうすればボールを保持する技術として使えるようになる。

【もも】

立ち足のひざを軽く曲げてクッションとする。ももと地面は平行になるように曲げ、まずは手に持ってももに落とす。左右のももに落とし、ボールが安定して跳ね返る場所を見つけたらいよいよ始める。片足ずつ行い、慣れてきたら両足で交互にやってみる。

【頭】

ヘディングは、ボールを最後まで見て目でうつと言われている。リフティングの場合は、あごを出して額でつく。ひざを曲げ、バランスを腰でとる。

【インステップ】　インステップ＝親指と人さし指の付け根

立ち足のひざを軽く曲げてクッションとする。慣れないうちは地面に円を描き、その中でワンバンさせてからする。ボールが着地した直後、足先をこじ入れて足の甲に当てる。繰り返し安定してできるようになったら、今度は1回1回両手でキャッチしながらのリフティングをする。落とす・蹴る・受けるの繰り返し。キャッチする場所が安定するまで左右両足で反復練習する。

ドリブル

ねらい
ボールを取られないように確保することができる。

絵の各部位を使ってボールを運んだり止めたりする。

- トウ
- フロント
- フロント
- インサイド
- アウトサイド
- ヒール

【インフロント】
足首の内側で前にボールを押し出す感じで。

【インステップ】
足の甲でボールを押し出す感じで。親指を押さえ、足首をしっかりのばす。

【アウトフロント】
足の小指側で運ぶ方法。できるだけ足首を内側に曲げ、前方に押し出す感じで。

【足の裏を使う】
押し出したり引いたりして移動できるようにする。瞬時にボールを確保する時、ターンをする時に多用される。

【ボールを相手から遠ざける】
「ボール相撲」(p18) で紹介したように、相手から遠ざけて保持する。腰を低くすることで相手との間に幅をつくる。

【相手とボールの間に身体を入れる】
相手とボールの間に自分の身体を入れ、できるだけ相手を遠ざける。スキをみて攻撃にうつる。

ボール操作の基本

キック

> ### ねらい
> ● 思いきったキックができるようになる。
> ● キックにもいろいろな種類があることを知る。

【インステップキック】
足の甲で蹴る。シュートを中距離から打つ時や長いパスを蹴る時によく使われる基本的なキック。立ちひざを軽く曲げ、胸を張り、バランスをとって蹴る。

【インサイドキック】
パス出しに使うことが多くゲームで最も使われるキック。足首の内側面を使うのでボールに触れる面積が広く、正確にショートパスをつなぎやすい。軸足の方向は必ずパスを送る相手に向いていること。

【インフロントキック】
親指の付け根で持ち上げるように蹴る。ボールの中心を外して蹴ると、変化するボールをうつことができる。

【アウトサイドキック】

足首を内側に曲げ、小指の付け根あたりでボールをとらえ、外側に開くように蹴る。この時ひざから下も外側に開くと勢いが出る。アウトフロントキックは、小指の上にボールをのせ、内側から外側へひねるように蹴る。ボールを蹴り足の少し前に置くと、変化するボールをうつことができる。

【トゥキック】

つま先でボールの中心をつく。ボールとの接触面が小さいため正確さに欠けるが、初心者はすぐにこのキックになりがち。ゲームでは、瞬時にゴールをねらう時などに使われたりする。ブラジルのロナウド選手が得意としていた。

【ヒールキック】

かかとでボールの中心を蹴る。後ろから来る味方にパスを出す時や、手前でマークしてくるディフェンダーをかわす時などに使われる。

【ボレーキック】

浮き球を蹴る時に使われる。このキックの難しさは、腰より高く浮いた時、足だけでなく上体のバランスをうまくとらないと正確に蹴れないこと。右足で蹴る時は、右肩を後ろに引いて左肩を前に出し、上体をひねるように瞬時に準備しなければならない。軸足にしっかり体重を乗せ、上体を逆方向にねかせ、ひねりが大きければ高い位置のボールが蹴れる。

ボール操作の基本

トラップ

ねらい
パスを受ける時に必要とされる足元の技術を覚える。

解説

トラップとは本来「罠にかける」の意味。パスを受ける時はディフェンダーがついてきて、ボールの受け手が単純に止めただけでは相手に奪われてしまいます。そこで、受ける前にディフェンダーの位置を確かめ、受ける瞬間相手に取られないことと次のプレーに瞬時に入れるように、体を動かし（逆をつく）罠にかけてしまおうという考えです。

ストップ
（ボールの勢いを消す）

【インサイド】
軸足のひざを軽く曲げてバランスをとる。ボールを止める足は力をぬき、ボールが触れる瞬間に軽く引く。

【足の裏】
軸足のひざを軽く曲げてバランスをとる。かかとを下げ、ボールをスルーしないように注意する。

【アウトサイド】
横や斜め前、または正面からのボールを止めるのによく使う。インサイドより接触面が多いので止めやすい。

【インステップ】
軸足のひざを深く折り、より正確に止めるように心がける。

トラッピング

【インサイド】
相手の位置を確認して、右足のインサイドであれば左へ、左足のインサイドであれば右へ、大きく振る。次のプレーに移れるようにしておく。

【アウトサイド】
相手の位置を確認して、右足のアウトサイドで右へ、左足のアウトサイドで左へ大きく振る。

【ターン】
前から来たボールをインサイドか足の裏で引きながら、軸足のつま先で半回転する。

インサイド

足の裏

フェイント

ねらい
ボールを保持し、相手を抜くために必要なフェイントの技術を覚える。

【ダッシュ・ストップ・ダッシュ】
ドリブルダッシュ→足の裏で止め急停止→またドリブルダッシュ。これを繰り返す。

ピタッ

くりかえす

【キックフェイント】
蹴るフリの動作を入れ、その足のアウトサイドで逆側に出る。

【切り返し】
右足のインサイドでボールを左に動かしたら、左足のインサイドで右に出る。逆の足でもやってみる。

【後ろ通しトリック】
軸足の後ろにボールを運ぶ際に、ボールを引くと同時に軸足を少し踏み出すのがポイント。踏み出す幅はほんの少し個人差があるので繰り返し試してみる。キックフェイントの後に用いられる、フェイント合わせ技のトリックプレー（蹴るフリ・足裏・後ろ通し）。

「じゃまじゃまサッカー」からミニゲームへ

じゃまじゃまサッカー

低・中学年

【用意するもの】ラインカー　サッカーボール3個　ビブス　記録用紙（p95）

ねらい

- 未経験・初心者の子どもたちが、プレッシャーなしに安全にシュートがうてる。
- 空きを見つける・つくるなどして、「じゃまゾーン」をドリブルで抜けシュートをうつ。
- これらのことを通して、空間を認識したり、ドリブルのスピードを上げたり、フェイントを覚えたりすることができる。

やり方・ルール

① 1チーム6人。選手の他にアナウンス[1]・記録[2]・線審・主審（タイムキーパー）を兼ねる。

② 2チームが野球のように表裏で交代しながら試合を進める。攻守はジャンケンなどで決める。

③ チームの役割分担は次のように振り分け、順番に交代する。→p95「記録用紙」参照
　攻撃の時…攻撃3、主審1、記録1、アナウンス1人
　守りの時…守り2、線審2、記録1、アナウンス1人

④ 試合時間は、表裏各2分で6回まで（回は変えてよい）。

⑤ 試合は攻撃3人、守備2人。

⑥ 攻撃3人は1人1個ボールを持つ。

⑦ 攻撃3人は「じゃまゾーン」を抜けてシュートゾーンに入ってからシュートを打つ。「じゃまゾーン」の中からのシュートは認められない。

⑧ 守備2人は、じゃまゾーンに侵入してきた人のボールを外へ蹴り出すことができる。

⑨ 攻撃は外へ蹴り出されたら、ドリブルでセンターサークルまで戻り、攻め直すことができる。

⑩ 守備の2人は「じゃまゾーン」の中だけしか動けない。

⑪ 線審は「じゃまゾーン」のラインの端に立ち、反則を見極める。

⑫ 反則
- 攻撃側…じゃまゾーンの外からのシュート
- 守備側…じゃまゾーンのラインをまたいで蹴ること

[1] アナウンス…ゲームの状況を口頭で記録係に伝える。
[2] 記録…記録用紙に得点を記入する。
（記録は毎回とらなくてもよいが、ポイントごとにとっておくことが必要）

約20m

シュートゾーン

4m

線審

じゃまゾーン

4m

記録（得点）

アナウンス

アナウンス

記録（得点）

線審

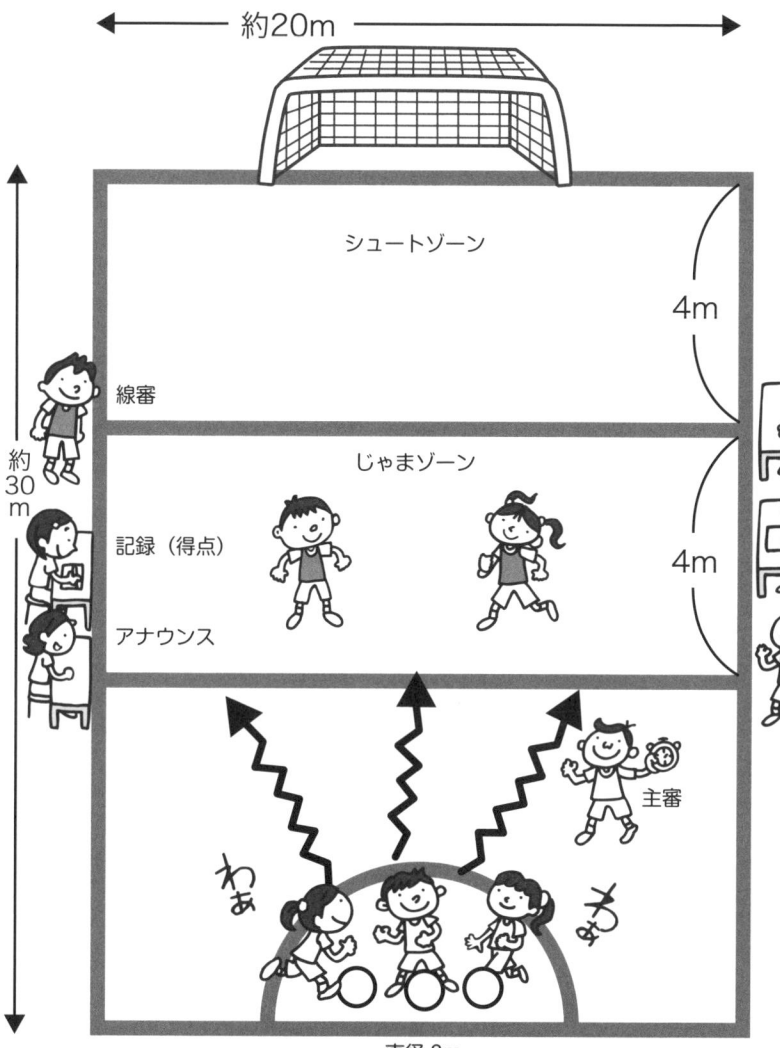

約30m

主審

わぁ

わぁ

直径3m

「じゃまじゃまサッカー」から2ミニゲームへ

指導のポイント

- この教材は、授業の最後に位置づける。授業の前半には、本書で紹介するボール操作の基本練習や、それらの能力が求められるサッカー遊びをすることが効果的。「じゃまじゃまサッカー」で明らかになった課題に沿って行うとよい。
- 6人いない時は、記録や線審を減らしても可。

じゃまゾーンを使った
しっぽ取りゲーム

全学年

【用意するもの】ラインカー　カラーコーン4本
　　　　　　　しっぽ（手ぬぐいなど）…1人2本　ビブス

ねらい

●じゃまゾーンを使ってダッシュ・ストップ・ダッシュまたは、ターンのフェイントを覚える。
●また、攻めに広がりをもたせるため、「しっぽ取りゲーム」（p8）をした後に行うと、じゃまじゃまサッカーの試合状況を想定してのフェイント学習に結びつけやすくなる。

やり方・ルール

① じゃまゾーンにじゃま役が1人入る。じゃまゾーンの外から攻める役がいて、2人一組をつくる。

② 【ダッシュ・ストップ・ダッシュ】
攻め役はコーンの方向に向かって走る。じゃま役も同じように走り、じゃまゾーンに入った瞬間しっぽを取りに行く。攻め役は、走り始めてじゃま役が追ってくるのを確かめたら、じゃまゾーンに入らず瞬間的にストップし、またダッシュしてじゃまゾーンに入り、コーンの門を通過することを目指す。コーンの門を通る前にしっぽを取られたらアウト。

【ダッシュ・ストップ・ターン】
攻め役はコーンの方向に向かって走り、じゃま役も走る。じゃまゾーンに入ったらしっぽを素早く取りに行く。攻め役はストップをしたらコーンの門に向かうフリをしてその場でターンをし、じゃまゾーンを走り抜けゴールを目指す。

③ どちらも、じゃま役に1本でもしっぽを取られたら攻め役は終わり。

④ コートの横幅が広ければ（30m以上）、図のように二組同時に行える。

⑤ ダッシュで門を通過してもターンでゴールを決めても1点としてもいいし、ターンでゴールをしたら2点、門は1点としてもよい。得点で変化をつけることも大事。

----→ ダッシュ・ストップ・ダッシュの動き
──→ ダッシュ・ストップ・ターンの動き

「じゃまじゃまサッカー」からミニゲームへ

4m

4m

じゃま役

じゃまゾーン

ターン

じゃま役

コーンの門

ダッシュ・ストップ・ターンでじゃまゾーンを走り抜け、ゴールを目指す

ダッシュ・ストップ・ダッシュでコーンの門を抜ける

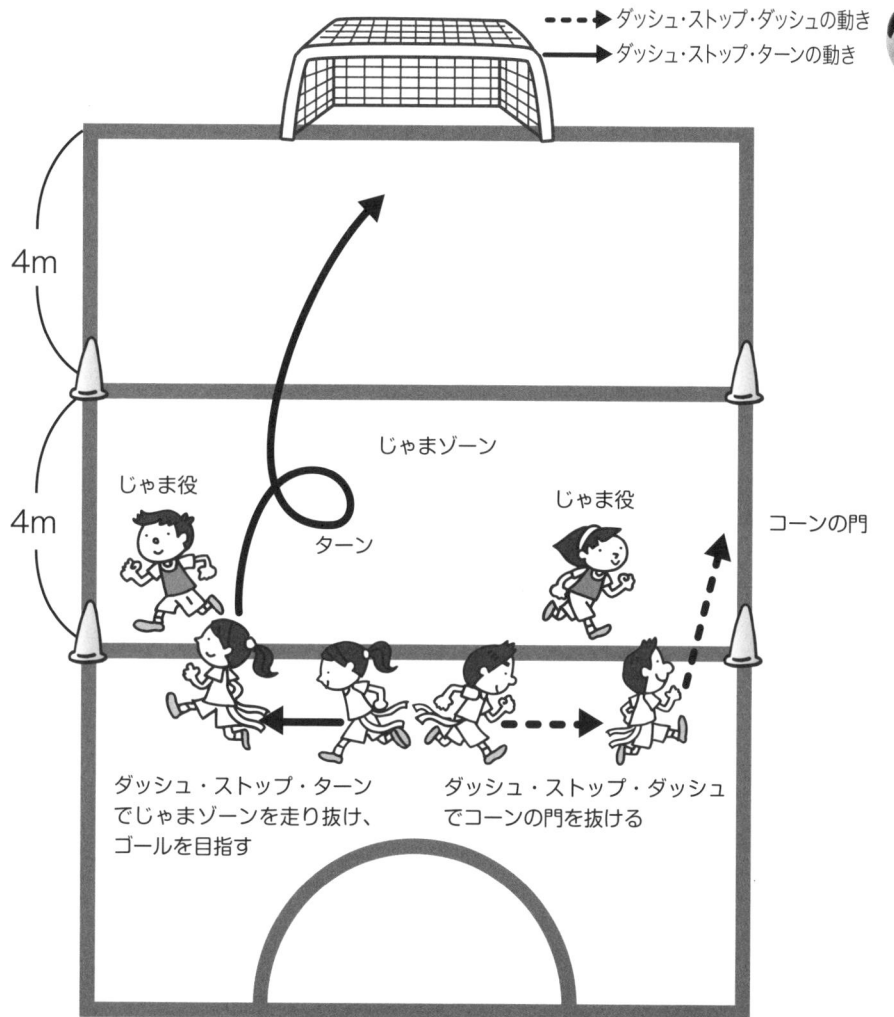

指導のポイント

- しっぽ取りで動き方を覚えたら、実際にボールを使って同じようにゲームをする。その時はしっぽを外し、「じゃまじゃまサッカー」の試合形式で行う。
- 攻め役はターン・ダッシュ・ボール確保を覚える。守り役はボールと相手の間に身体を入れることなどを学ぶ。

じゃまじゃまパスサッカー

中・高学年

【用意するもの】ラインカー　サッカーボール1個　ビブス　記録用紙（p95）

ねらい

- ボールを1個にすることでパスの必要が生じる。「パスを出す・受ける」を、駆け引きの中で覚えることができる。
- インサイド・アウトサイドキックを使った正確なパス出しと、パスを受ける技術（ストップ、トラップ）を覚える。
- じゃま役の陰に入らないで、パスが受けられる位置に移動することを覚える。

やり方・ルール

① 基本的なルールは「じゃまじゃまサッカー」（p64）と同じ。
② ボールは1個で行う。
③ 攻撃側は、じゃまゾーンの外からシュートゾーンへパスを出してもよい。ただし、そのパスがゴールに入っても得点にはならない。また、じゃまゾーンからのシュートは認められない。
④ シュートゾーンの幅を広くして、じゃまゾーンの幅をせまくしてもよい（例：6mと2m）。こうするとスルーパスに追いつける可能性が高まる。

指導のポイント

- グループノートをつくり、作戦を立て、結果をまとめて、チームみんなで励ましあおう（p92〜95参照。グループノートの見本はp94）。「私からあなたへ・あなたから私へ」（p92）は、その部分だけ本人の分とチームの他の子の分を切り離し、それらを後から貼ると時間短縮になる。

シュートゾーン

4m

線審

記録　アナウンス

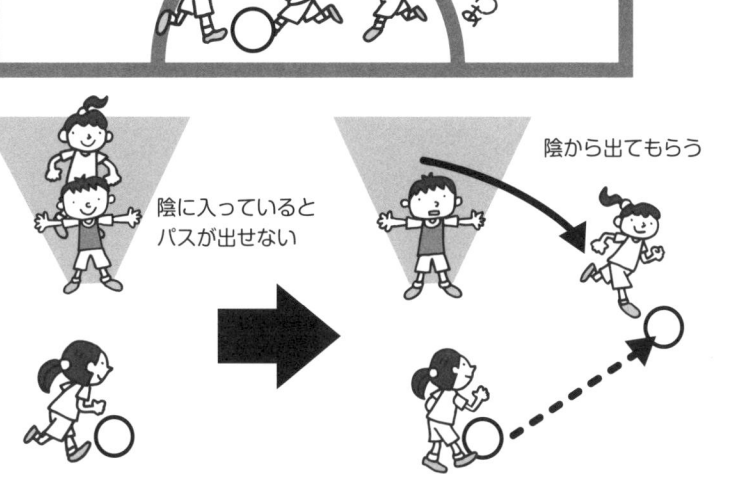

じゃまゾーン

4m

アナウンス　記録　線審

主審

「じゃまじゃまサッカー」からミニゲームへ

陰に入っているとパスが出せない

陰から出てもらう

シュートが決まりやすい場所を探そう

中・高学年

【用意するもの】ラインカー　サッカーボール1個　シュート調べカード

ねらい

●グリッド（格子）を使っていろいろな所からシュートをうち、確率の高い重要な空間を見つける。シュート調べの集計から、シュートの入りやすいエリアを重要空間として意識させたい。

やり方・ルール

① 図のようにゴール前にグリッドを書いて、番号を振る。
② その中のいろいろな場所からシュートをする。
③ 成功したシュートの数をカードに記録することで、自分の得意な位置がどこかが把握しやすくなる。
④ 全員の記録を集計し、友だちやクラス全体で比べてみる。

指導のポイント

●成功しやすい場所を見つけ、コンビネーションによるシュートゲームをする。

シュート調べカード

1	2	3
4	5	6
7	8	9

●5本シュートして入った数

1	2	3
4	5	6
7	8	9

わかったこと
(　　　　　　　　　　　)

どこからシュートしたらよくよく入るかな

【コンビネーションによるシュートゲーム】

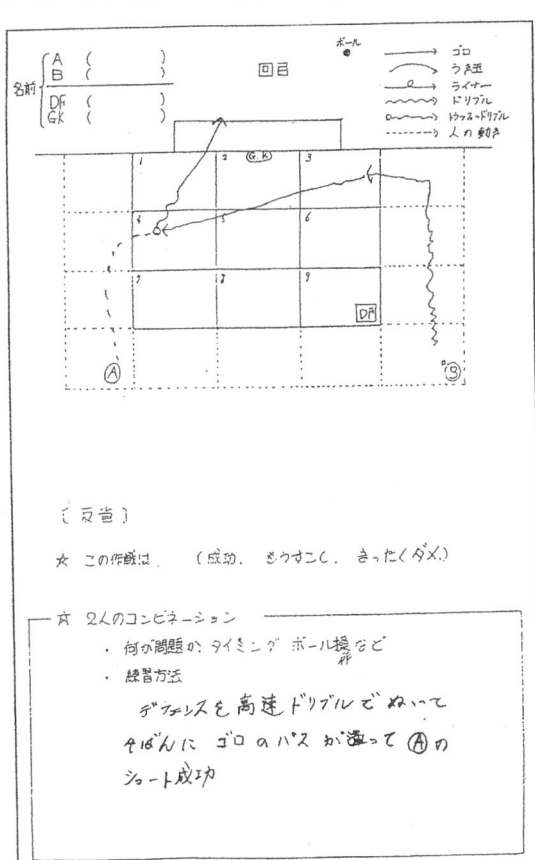

2対1のゲーム

中・高学年

【用意するもの】サッカーボール1個

ねらい

●駆け引きのある中でのコンビネーションプレイの基礎を学ぶ。

やり方・ルール

【パターン1】
① AはドリブルでX（ディフェンス）を引きつける。
② BはXの動きを見ながらAからパスを受け、Xが寄ってくる瞬間、走りこんだAにパスしてシュート。

【パターン2】
① Aはサイドへ長いパスを出し、素早くBがボールを確保してドリブルで運ぶ。
② Bは走りこんできたAにパスしてシュート。

指導のポイント

●壁パスやスルーパスを身につけられるようにディフェンスを1人にしているので、攻撃側はディフェンス役をどうおびき出してパスコースやシュートコースを確保するか考える。攻撃側はよく相談すること。
●ディフェンス側は、シュートを簡単にうたせないためにゴールとボールの位置を常に確認し、その間に入るようにする。

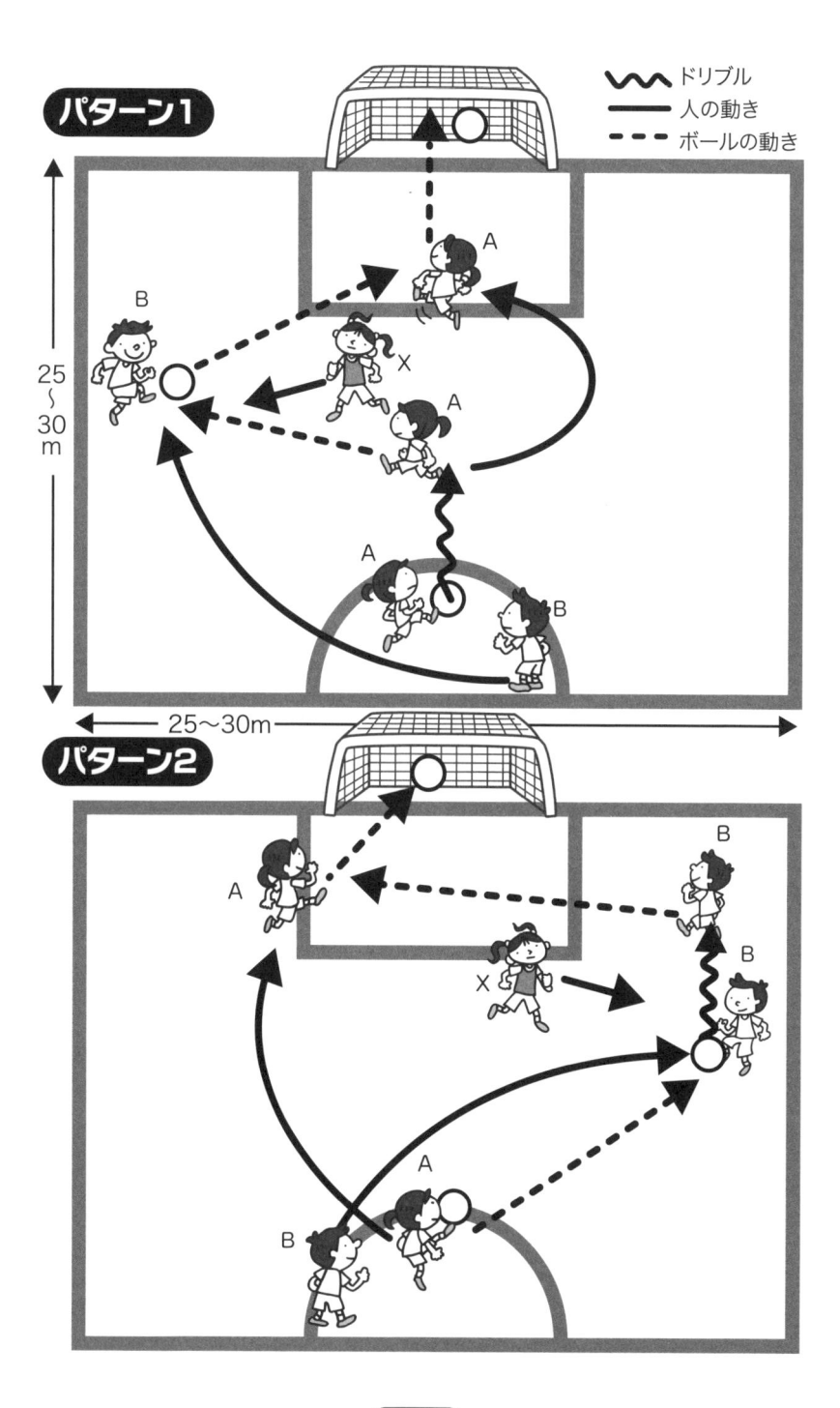

パターン1

パターン2

- 〰️ ドリブル
- ── 人の動き
- ---- ボールの動き

25〜30m

25〜30m

「じゃまじゃまサッカー」からミニゲームへ

2対2のゲーム

中・高学年

【用意するもの】サッカーボール1個

ねらい

●攻撃と守備が同人数なので、パスにしてもシュートにしても、そのコースを確保するためには個人の戦術がとても重要になってくる。パス・シュートのコンビネーションを確保するための、相手とのズレをつくりだす方法を学ぶ。

やり方・ルール

【パターン1】壁パス
① AはX1（ディフェンス）を引き寄せ、素早くBにパスを出す。
② BはX2が来る前にワンタッチでA´にパスを出す（蹴った瞬間はまだA´の位置に人はいない）。そこへAが走りこみシュートを打つ。
③ 壁パスを出したBは素早くゴール前へ走りこみ、A´のフォロー役になる。

【パターン2】スルーパス
① AはX1・X2の間の空きを見定めて、Bにアイコンタクトで合図を送り、B´へパスを出す。
② BはB´へ素早く走りこみ、シュートをうつ。
③ スルーパスを出したAはゴール前へ走りこみ、B´のフォロー役になる。

指導のポイント

●味方が相手にマークされパスやシュートコースをおさえられることを前提に考えよう。いかにしてコースをつくるかは、今まで身につけてきた空間をつくりだす動き（フェイントや切り返し）、相手を引きつける動きなどの総合力が問われる。壁パス・スルーパスにもっていくまでの所でディフェンスをずらすように動くことが大事になる。
●また守備側は、ずらされてもシュートをうたせない動きと、ボールとゴールの間に身体を入れることを常に意識しよう。

パターン1 【壁パス】

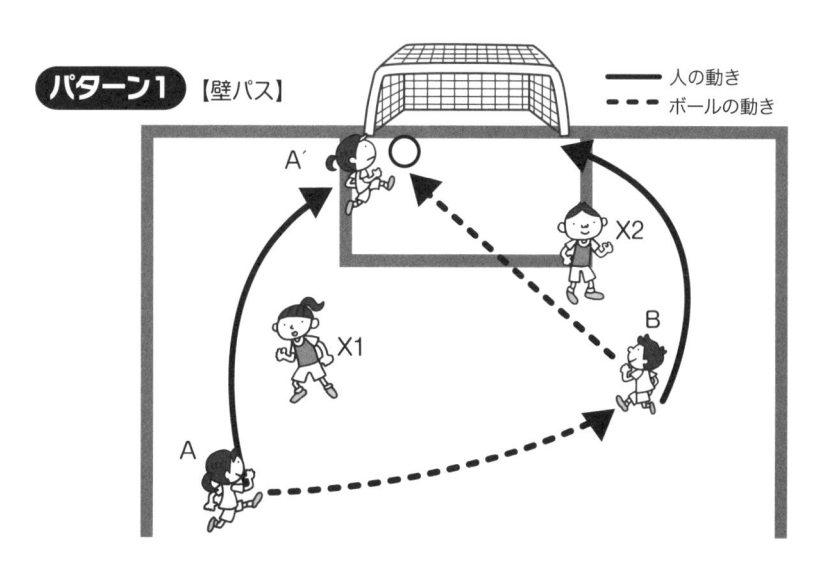

―― 人の動き
--- ボールの動き

パターン2 【スルーパス】

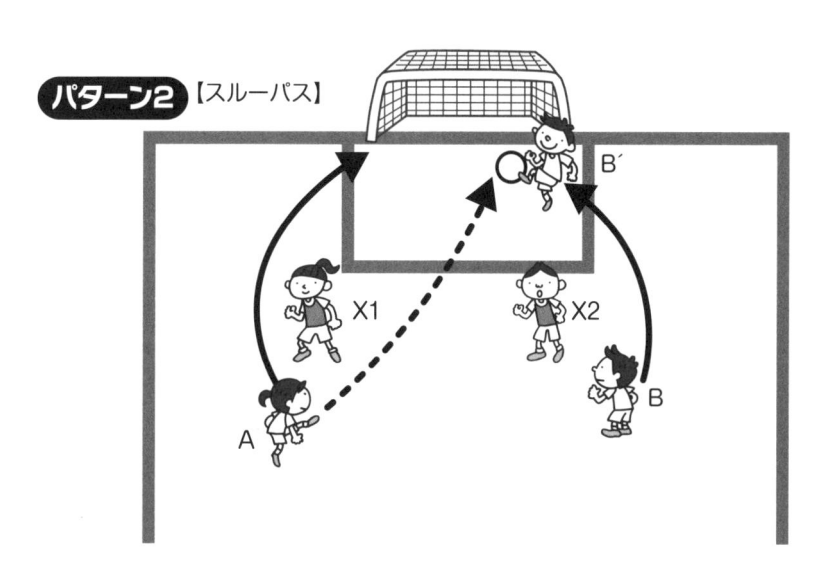

「じゃまじゃまサッカー」からミニゲームへ

オフサイドラインありの３対２

中・高学年

【用意するもの】サッカーボール１個　ラインカー　旗（何でもよい）２本

ねらい

- じゃまゾーンのゴール側（底）のラインをオフサイドラインとし、サッカーの基本的ルールを体感する。
- パス出しのタイミングと、それを受ける時の走り出しのタイミングを覚える。

やり方・ルール

① 「じゃまじゃまパスサッカー」（p 68）と基本的には同じ。
② Ｃが走り出し、じゃま役２人（Ｘ１・Ｘ２）を引き寄せる。
③ Ａは走り出したＣにパスを出すフリをして、相手の視線をＣに向けさせる。
④ Ｂはその間をぬって静かに素早く、じゃまゾーンをＡのパス出しを見計らって走り出し、Ｃ'にアシストパスを出す。
⑤ 線審はオフサイドかどうかをしっかり見る。
⑥ 主審は、線審と必要に応じて協議する。
⑦ ドリブルでオフサイドラインを越えてもよい。

指導のポイント

- サッカーならではのルールなので、オリエンテーションでオフサイドの意味や歴史的成り立ちをしっかり説明しておくことが必要。

解説

サッカーやラグビーの元となった昔のフットボールは「１点先取」のルールで行われていました。どちらかのチームがボールをゴールに持ちこめば試合は終わりです。なるべく長く試合を楽しもうと考えた人たちは、ボールがゴールへ持ちこまれにくい決まりを考え、やがてオフサイドというルールになりました。これは、昔は勝敗よりもプレイそのものを楽しんでいたことを示しています。

——— 人の動き
--- ボールの動き

シュートゾーン

じゃまゾーン

オフサイドライン

線審

4m

4m

B′　　　　　　　　　　C′

X1　X2

主審

A

B

C

「じゃまじゃまサッカー」からミニゲームへ

※　パスに追いつきやすくするために、シュートゾーンの幅を広げ、じゃまゾーンの幅をせまくしてもよい（例：6mと2m）。

3対2のゲーム

中・高学年

【用意するもの】サッカーボール1個　ラインカー

ねらい

●2対2のゲームでなかなか得点が決められない状況になった時、攻撃の人数を1人増やして数的優位を生かした攻めができるようにする。

やり方・ルール

① AがCにパスをし、CはドリブルでC´の位置に移動する。Aはパスしたら A´の位置に素早く走り、X1の動きを防ぐ（X1・X2の視線をゴール左側に向けさせる）。

② C´はA´にパスを出し、素早くC″の位置へ移動してX2を引き寄せる。

③ Bは右サイドをスルスルと上がり、B´の位置でA´からパスを受けてそのままシュート。

※ X2がB´に気づいてマークに行くと、C″が自由にシュートがうてるので、A´はいずれにしてもアシストパスを2コース選択できる。また、B´・C″がX1・X2にマークされたら自分でシュートがうてる。

指導のポイント

●2対2で攻撃が行き詰まったということは、ディフェンスの動きがよくなり、攻撃の作戦が読まれてなかなかゴールできなくなったことを表している。そこで攻撃の人数を1人増やすことで、どこで1人余らせてシュートに持ちこむかを考えさせる。

ドリブル
人の動き
ボールの動き

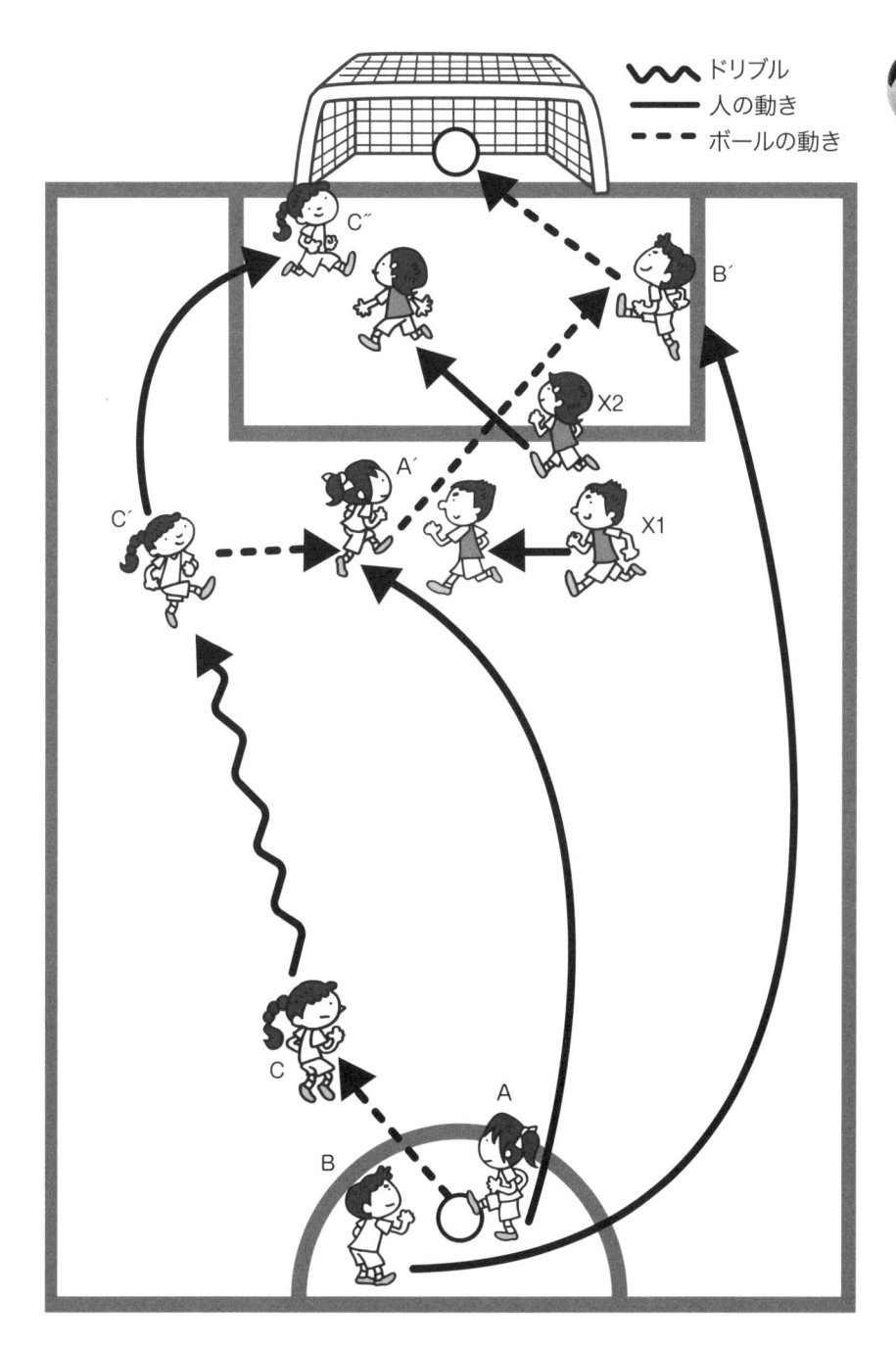

「じゃまじゃまサッカー」からミニゲームへ

79

3対3のゲーム

中・高学年

【用意するもの】サッカーボール1個　ゲーム分析に必要な道具（グループノート、心電図、ボール軌跡図、ビデオ）…p92〜97　旗（何でもよい）2本

ねらい

1　3人の攻撃の位置関係はどんな形がいいか考えさせる。
2　3人の守備の位置関係はどんな形がいいか考えさせる。
- ボールがある時、常に2つのパスコースが確保できているか。
- ボールを取られた時、攻撃を遅らせることができるためには、など。
- 3人がどんな位置取りをした時に点をとられたか、など。
- 「ボール軌跡図」（p96）でボールの動きを調べ、得点した時・された時を明確にしてみるとよい。
- 「心電図」（p96）でパスがどのように交わされたかを、「ボール軌跡図」とあわせて調べるとよい。

やり方・ルール

① 1チーム3人で、2チームで戦う。野球型のように表裏で進める。
② 試合時間は表裏各2分とする。
③ 守備側（Xチーム）は、シュートゾーンに入っている。
④ 審判の笛で、攻撃側はハーフラインから攻撃を始める。
⑤ 攻撃が始まったら、守備側はどこまでも動いてよい。
⑥ オフサイドラインを使ってのオフサイドルールあり。オフサイドをした場合、再度攻撃のやり直し。
⑦ 守備側がタッチラインからボールを出したら、その場からスローイン。攻撃側が出したらセンターサークルからやり直し。
⑧ 守備がゴールラインからボールを出した場合はコーナーキック。

指導のポイント

- フルコートに発展させていくことをねらって、守備がセンターサークルの中にボールを入れたら1点の得点とする。

記録1＝心電図
記録2＝ボール軌跡図

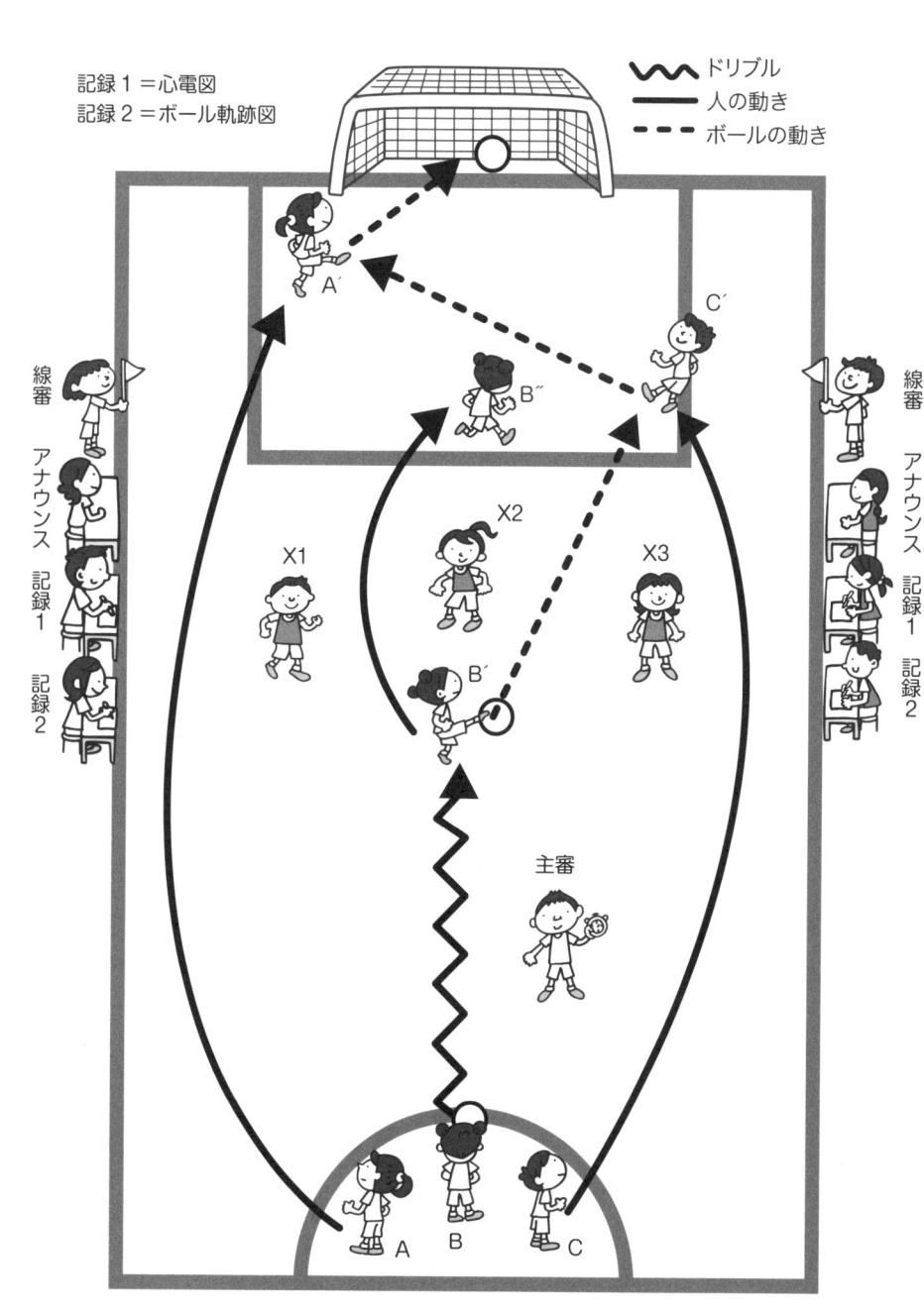

〰〰 ドリブル
―― 人の動き
--- ボールの動き

線審　アナウンス　記録1　記録2

線審　アナウンス　記録1　記録2

「じゃまじゃまサッカー」からミニゲームへ

図のように、Xのディフェンスの並びではすぐに
ボールを通され、シュートに結びついてしまう。
これと同じようなことがないか調べよう。

3対3のゲーム（フルコート）

高学年

【用意するもの】サッカーボール1個　ゲーム分析に必要な道具（グループノート、心電図、ボール軌跡図、ビデオ）…p92〜97

ねらい

●攻撃も守りも、正三角形が理想の形であることに気づく。
●攻守の切り替えの動きがわかる。

やり方・ルール

① 三角形をつくり、守備の後ろの危険地域をX3やCがカバーする。
② 攻撃側も、X1からX2・X3、AからB・Cというように、パスを出すコースが2つできる。

指導のポイント

●相手の守備が整う前にカウンターで攻められることを知る。
●グループノートをつくることで、メンバーと意思の確認をそのつどすることが大事。

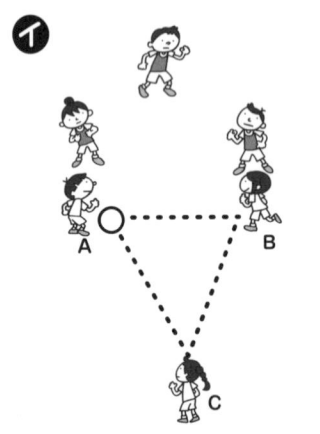

イ

ロ

イの場合、Bへ横パスを出しても効果がない。Cでは後ろへ下げ過ぎとなる。

ロの場合、Bへのパスはすぐに相手に邪魔される危険がある。

イ・ロとも三角形がくずれているため。

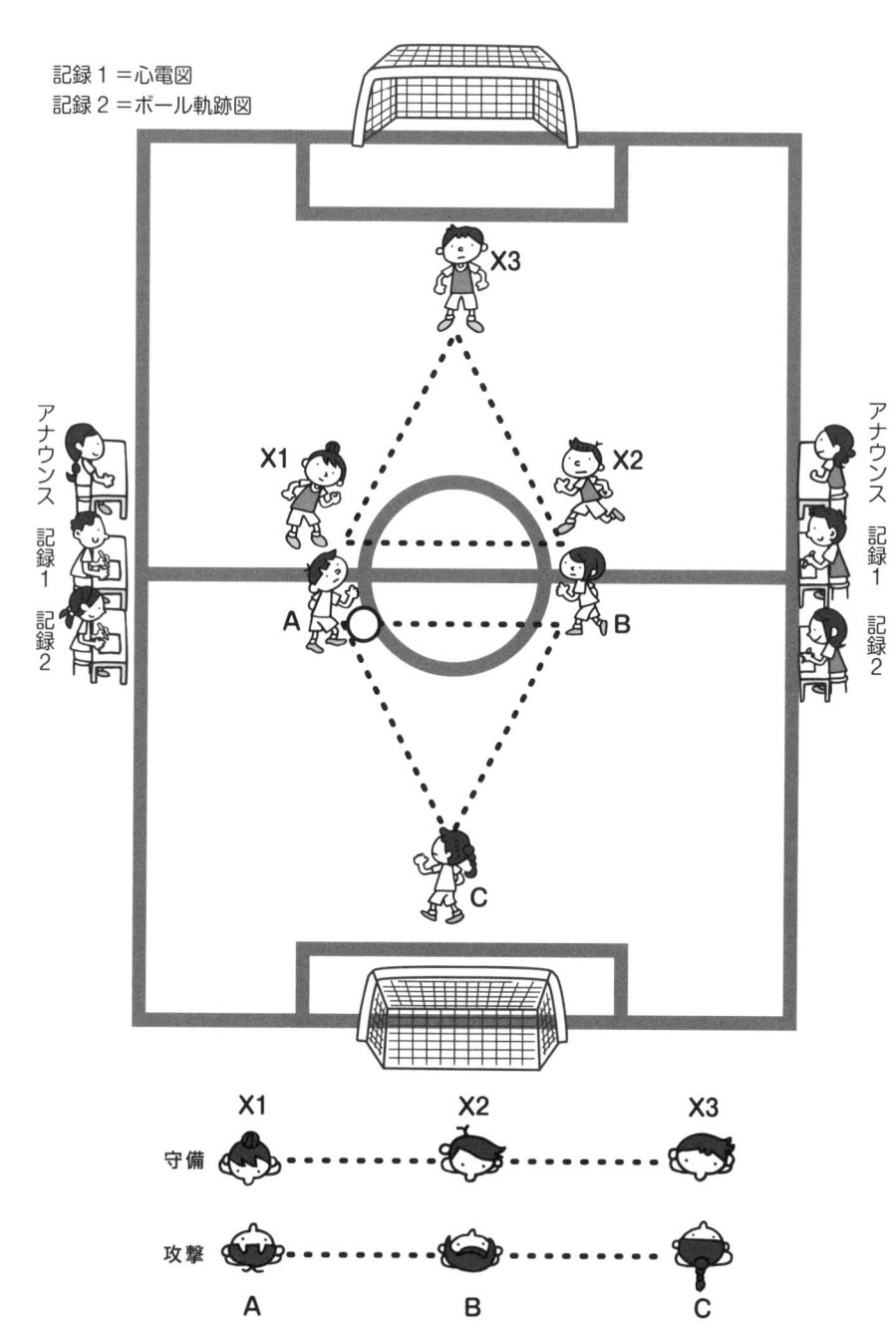

記録1＝心電図
記録2＝ボール軌跡図

アナウンス　記録1　記録2

アナウンス　記録1　記録2

「じゃまじゃまサッカー」からミニゲームへ

横一線にならんでいては、守備側にとっては後ろのスペースをねらわれる危険があり、攻撃側にとってはパスを出すコースが1つしかない。

空いたスペースに走りこみシュート（陰から出る人）

【高学年】

【用意するもの】サッカーボール1個

ねらい

●おびきだす動きとも関連するが、マーク役を外へ引き出したら、空いたスペースに走りこむ動きが重要になる。相手から見えない所（陰）から走りこむこの動きができるようにする。

やり方・ルール

【パターン1】
① パスを交わす「はじめの人」と「2番目の人」の2人に、守備側の注意を向けさせる。
② 注目が集まっている間に、もう1人（陰から出る人）が守備の死角から現れてシュートする。

【パターン2】
① 「はじめの人」と「2番目の人」の間で、壁パスをすると見せかけて守備を引きつける。
② 守備の死角から現れた「陰から出る人」にパスを出す。

解説

ゴール前に空間ができても、タイミングよくだれかが走りこまなければ、おびきだし役の「はじめの人」はムダ働きになってしまいます。パスを送る役目の「2番目の人」と、空いたスペースに走りこむ「陰から出る人」との呼吸の合ったプレーが得点に結びつきます。「2番目の役から最初の役にパスが行くだろう」と止まっていないで、積極的に陰から出る役になろうとねらっていきましょう。2人、3人の協力で相手の守備を崩すパスワークは、スケールの大きいフェイントとなります。この「陰から出る人」は、相手チームからは「見えない人」「忘れられた人」でもあります。「はじめ」と「2番目」の役に注目が集まっている間に、突如として現れるからです。

パターン1

2番目の人

はじめの人

―― 人の動き
--- ボールの動き

陰から出る人

パターン2

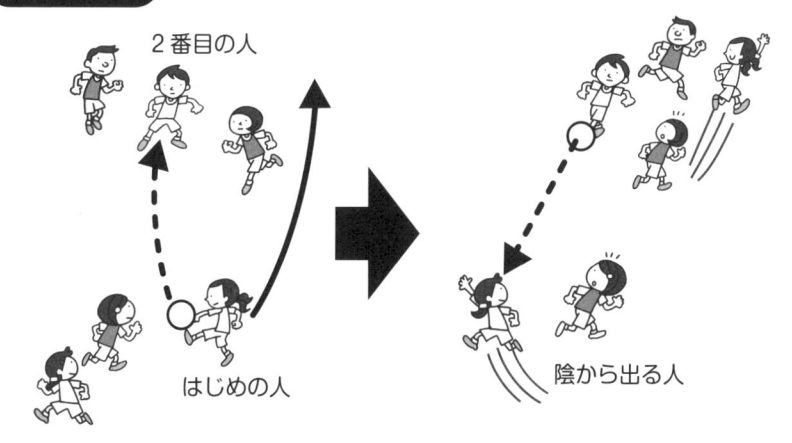

2番目の人

はじめの人

陰から出る人

「じゃまじゃまサッカー」からミニゲームへ

4対3のゲーム（フルコート）

高学年

【用意するもの】　サッカーボール1個　ゲーム分析に必要な道具（グループノート、心電図、ボール軌跡図、ビデオ）…p92～97

ねらい

- 攻撃側は数的優位を生かし、ポジションの分担を意識して試合に臨むことで、それぞれの役割を理解する。
- 守備側にまわった時、必ずボールとゴールの間に人がいるように守備のコンビネーションも考える。

やり方・ルール

① 守備側（Xチーム）は攻撃側に攻められた場合、数的に不利なので、空いた空間をつくらないよう必ずボールとゴールの間に身体を入れる。

② 攻撃側は守備側より1人多いぶんどこに空いた空間ができやすいかよく考え、今まで学習してきた作戦・戦術を使い、攻める。

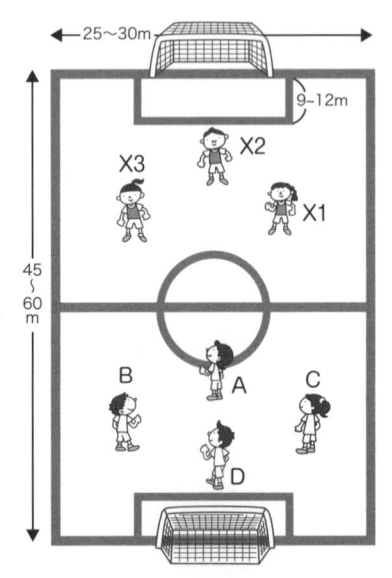

記録1＝心電図
記録2＝ボール軌跡図

〜〜 ドリブル
── 人の動き
--- ボールの動き

「じゃまじゃまサッカー」からミニゲームへ

アナウンス　記録1　記録2

アナウンス　記録1　記録2

87

クワトロゲーム（4+1対4+1）

高学年

【用意するもの】 サッカーボール1個　ゲーム分析に必要な道具（グループノート、心電図、ボール軌跡図、ビデオ）…p92〜97

ねらい

- 4対4でポジションを決め、攻めたり守ったりする（＋1はゴールキーパー）。
- 視野を今まで以上に広げ、連係プレーができるようにする。
- 「おびきだす動き」で空いたスペースに走りこんだり、おびきだす動きができるようにする。

やり方・ルール

【パターン1】
① 攻撃側の1人が中央から左右どちらかのサイドに走り、守備役を外へ引き出す。
② 空いたスペースに他の人が走りこんでパスを受けてシュートする。

【パターン2】
① 攻撃の前線の人は常にマークされているので、なかなかパスを受けられない。そこで、マーク役をおびきだす役をする。
② 味方ゴールの方へ守備役をおびきだすことが、シュート成功の大きなポイントになる。

指導のポイント

- ポジションが決まるとマークする相手も決まってくる。この段階になると守備のプレッシャーもきつくなる。そこで味方が協力して、相手の守りを混乱させる。
- パターン1・2を練習してイメージをつかませるが、実際の試合で使えるようにするためには、作戦づくりでの意思の確認が大事になる。その意味でもグループノートは欠かせない。

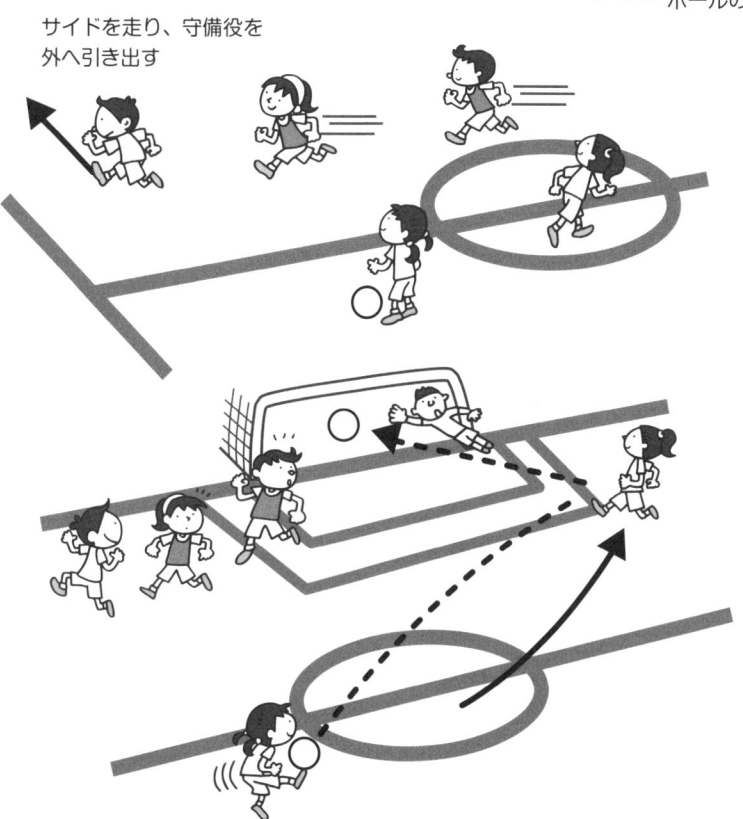

パターン1

サイドを走り、守備役を外へ引き出す

ドリブル
人の動き
ボールの動き

パターン2

味方ゴールの方へ守備をおびきだす

「じゃまじゃまサッカー」からミニゲームへ

ゴールキーパーの技術

中・高学年

【用意するもの】サッカーボール

ねらい
●ゴールを守る最後の砦であるキーパーのしかたを知る。

解説

ゴールキーパーは、ただ1人自由に手を使えるプレイヤーです。基本は、身体全体を使ってカバーすることです。ゴールとボールの間に必ず身体を入れてシュートを防ぎます。

キーパーの声は神の声と言われます。グラウンドを見渡すことのできる位置にいて、プレイヤーの動き（敵味方）がよくわかるので指示が的確に出せるからです。ですからサッカーがよく分かっている人が適任とされます。子どもたちは、ボール扱いが未熟な子をキーパーにしがちですが、それは誤りです。未熟な子ほどグラウンドプレイヤーとして選んでやらないと進歩しません。

体全体でカバーする

【ゴロのボール】
①片ひざをついて取る。
②ひざをのばし、ボールをしっかり抱きかかえるようにして取る。

【上体のボール】
①両手の手のひらを三角のようにして構え、包むようにして取る。
②取ったらすぐにしっかり抱きかかえる。

【お腹から下ひざあたりのボール】
手のひらを上に向けて腕をのばし、抱きかかえるようにして取る。

シュートする人の位置をよく見、ゴールとの間に身体を入れる

①ステップをふみ、ボールとゴールの間に身体を入れる。
②できるだけ身体の正面でボールを取る体勢を常に意識する。シュートするプレイヤーの足首の向く角度から、ボールの飛んでくるコースを素早く見抜くことが必要となる。

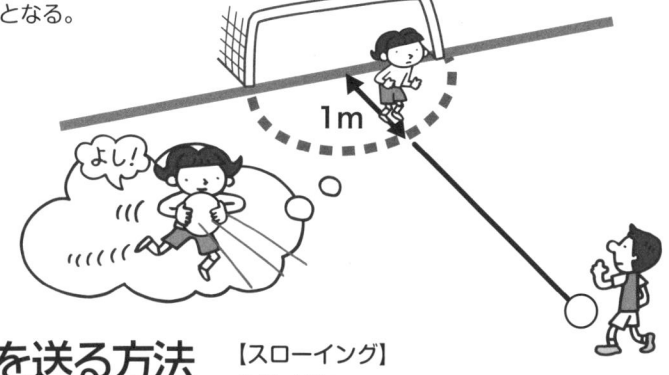

ボールを送る方法

【ドロップキック】
地面からはねた瞬間に蹴る。

【スローイング】
●サイドスロー
手首でボールを巻きこむように持つ。腕を大きく引き、反動をつけて投げる。
●アンダースロー
下手投げで素早くゴロのパスを投げる。

攻撃の起点となるキーパーの役割
キーパーがボールを保持した時、ゴールキックから攻撃が始まる時、味方に正確なパスを送ることで攻撃の起点となる。一番全体が見えている役なので、どこのだれにボールを送ったら素早い攻撃に結びつくか分かるからだ。

指導のポイント
●キックが未熟な場合は、スローイングを多用したほうがよい。

グループノートをつくろう

中・高学年

ねらい

● ゲームを分析・総合することで作戦・戦術の学習ができるようにする。

解説

毎時間の授業の記録を必ずします。その日の作戦、試合前の作戦練習（個人・グループ）、試合の結果とその原因、今後の課題を記します。そしてその日の感想やアドバイスを書きます。

ゲーム記録は、グループノートで作戦を練ったりチームとしての課題を明らかにする時の資料として使います。また、このノートがそのチームの団結を育てていく大切な役割をします。

「私からあなたへ・あなたから私へ」の記入のしかた
（授業後のグループノートづくりの時にする）

下の記入例をもとに表のフォーマットをつくる。印刷されたものを2枚用意し、そのうち1枚は枠ごとに切り離し、各自記入した後、もう1枚の切っていない用紙に貼りつける。そうすると効率よくグループノートが作成できる。

【記入例】

名前	今日の授業で教えられたこと、教えたこと、自分の課題・感想	チームメイトからの意見・励まし(具体的に書こう)
	ボールが取れなかった。	( )相手をつくってボールを持たせ、ボールを取りにいく練習をするといい。 ( )時間があるときみんなで練習すればどんどん強くなっていくから心配しなくていいよ。 ( )ぼくは、今度からミスしないように気をつける。
	シュートミスをした。パスができなかった。	( )私なら、もっとパスをとる練習とゴールキーパーでボールをとる練習をする。 ( )もっとシュートをしっかりやったらできるんじゃないか。 ( )あせらないでシュートするといいと思う。
	僕は転校して間もないので、あんまりサッカーをむこうの学校でやっていないから、知らなかった。	( )今度みんな教えるから、ちゃんと覚えといて下さい。 ( )ルールの本読んで覚える。 ( )班でがんばって教えれば、きっとみんなと同じようにうまくなる。
GK	私はゴールキーパーになったら、とろうと思ってもボールをこわがってとれない。班の人にもっと教えてほしい。	( )今度からボールをこわがらずにボールをよく見ること。 ( )キーパーの練習。 ( )こわがらずにボールをとる練習。

指導のポイント

- このノートづくりは、慣れてくるまではしっかり時間の保障を教師の方ですること。
- グループノートに目を通し、全体の技術レベルを確かめ、課題克服練習の方向を具体的に示すことで、子どもたちの課題にそった指導ができる。

ミニゲーム用グループノート

月　日（　）曜日　　記入者（　　　　）

この時間の目標 ＿＿＿＿＿＿＿＿＿＿＿＿＿＿＿＿

試合の作戦　　　　　　　　　　作戦内容記入
① ②
　　　　　　　　　　　　　　　相手の攻撃
　　　　　　　　　　　　　　　守備の特徴は

　　　　　　　　　　　　　　　相手の弱点を
　　　　　　　　　　　　　　　つく攻撃

準備分担　コートかき　　　　コーン・ゴールの出し入れ
　　　　（　　　　）　　　　　　　　（　　　　）

ゲーム記録分担

試合	審判・時計	ボール軌跡図	アナウンス	心電図
1か2				

試合結果　自チーム（　）点　相手チーム（　）点

得点の内容
試合中にあったいい攻め方やシュートの場面・攻められた場面

ゲーム記録やビデオを観察して分かった自分のいいところ・問題だと思うところ
よい点

問題点

※勝利するためにはどんな動きが必要か（作戦）

※試合中その動き方ができるためには何ができないといけないか（戦術）

「じゃまじゃまサッカー」からミニゲームへ

●１時間の授業のながれ

① グループノートに記入したその日のチームの目標・練習内容・準備の役割分担や試合中のアナウンスや記録などの確認。
② 授業準備…ボールを使った準備体操　チーム作戦練習
③ 練習試合（前半３分後半３分）…記録をとる。
④ 後片づけ
⑤ その日の試合分析をし、課題を明らかにする。次回の授業に向けてグループノートの作成（チーム会議をもってする）。

●グループノートや記録用紙のつけ方について

オリエンテーションの時に、グループノートの記入方法やグループ会議の進め方についてていねいに説明をする。記録用紙の記入については、教師の方がアナウンス役となってシミュレーションをし、記入練習する必要がある。

「じゃまじゃまサッカー」「じゃまじゃまパスサッカー」グループノート

月　　　日（　曜日）　　　　　記入者（　　　　　　　　）

今日の準備当番
ミニゴールを出す・片づける（　）（　）（　）（　）
カラーコーンを出す・片づける（　）（　）（　）
ビブスを出す・片づける（　）（　）（　）
ボールを出す・片づける（　）（　）（　）

準備体操・ボール慣れ
ストレッチ
リフティング（もも・インステップ）
小・中・大の円を回る、2人一組で大の円を追いかける
直線ドリブル（　）秒で帰ってくる
あんたがたどこさ・だるまさんがころんだ
くやしい　　　　　ウサギとカメ
ボール相撲…ボールを取って出し役に返す

チーム課題練習と今日の作戦

チーム課題練習

　　　1　　　　　　　2　　　　　　　3

今日の対戦相手　（　　　　　　　）
今日の作戦

　　その1　　　　　その2　　　　　その3

試合結果（　　対　　）
得点を入れられた場面（主なパターン）　　　得点した主な場面

「じゃまじゃまサッカー」「じゃまじゃまパスサッカー」記録用紙

A〜Fまでメンバーを固定し、下記のように全員が交代で各役割をこなしていく。6回までで1周する。

月　　日　　時間目　（　　）チーム、相手（　　）チーム

		攻め				主審	記録（アナウンス）	守り				記録（アナウンス）
		出る人と得点						出る	失点	線審	線審	
1回	人	A	B	C	計	D	E F	D E		F	A	B C
	点											
2回	人	D	E	F	計	A	B C	A B		C	D	E F
	点											
3回	人	A	B	C	計	E	F D	E F		A	B	C D
	点											
4回	人	D	E	F	計	B	C A	B C		D	E	F A
	点											
5回	人	A	B	C	計	F	D E	F D		E	C	A B
	点											
6回	人	D	E	F	計	C	A B	C A		B	F	D E
	点											
		チーム得点						失点				

「じゃまじゃまサッカー」からミニゲームへ

ボール軌跡図・心電図

中・高学年

【ボール軌跡図】
●コートでのボールの動きを描くことで、コート全体の使われ方がわかる。
●記入例にあるように、空いた地域がよくわかる。

〈記入例〉
空いた地域がよくわかる。

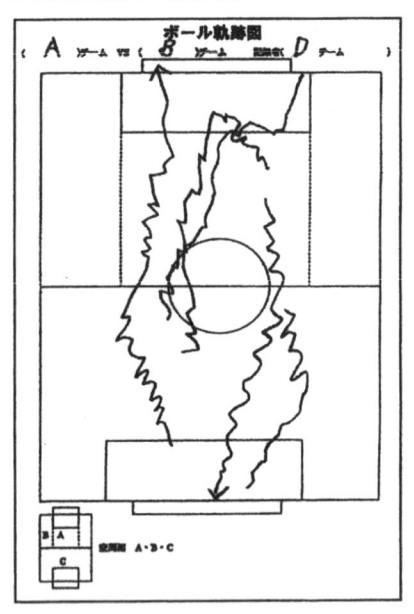

【心電図】
●チームのメンバーの触球数、パスのつながり、シュート数、成功数などを明らかにできる。パスのつながりで試合での人間関係がよくわかる。

〈記入例〉
限られた人とのパス交換しか行われていないことがわかる。

【ボール軌跡図】
●グラウンドでのボールの動きを追って記入する。

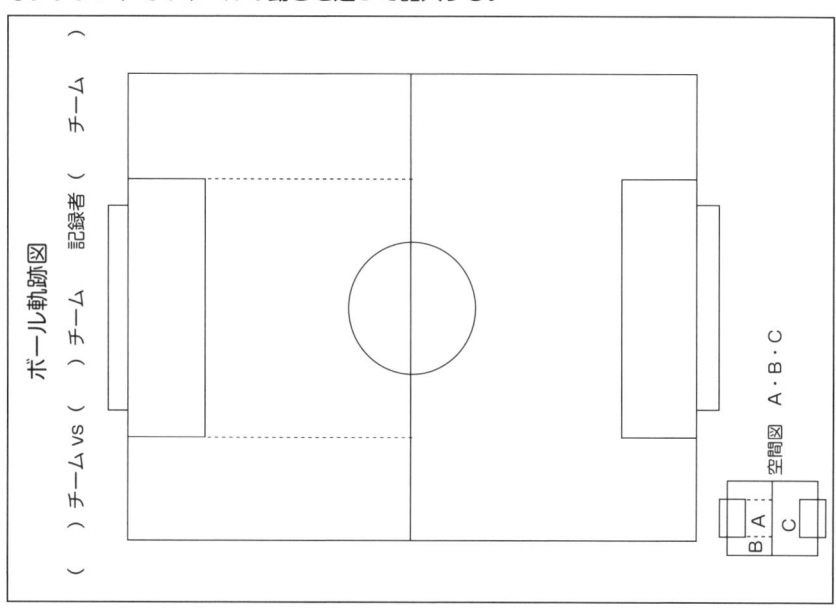

（　）チームvs（　）チーム　記録者（　）チーム　ボール軌跡図

空間図　A・B・C

B｜A
　C

「じゃまじゃまサッカー」からミニゲームへ

【心電図】（チーム内でのパスの交換を明らかにするもの）
●アナウンスの指示に従ってつける。

ゲームの記ろくカード　　　月　日

＿＿＿＿＿＿チーム対＿＿＿＿＿＿チーム戦

（　）点対（　）点　　アナウンサー（　）　記ろく（　）

ゲーム	なまえ	●さわった ●〜〜ドリブル ●――●パス成功 ●―/パス失敗 ○シュート成功　／シュート失敗	さわった数	シュート数	シュート成功数
前半					
		心電図			
後半					

〈パスのつながり方〉

ゲームをふりかえって気づいたこと

ルールづくりやゲームの運営を自分たちでしよう

中・高学年

ねらい

- 既成のルールにとらわれず、子どもたちの実態や要求に合わせたルールづくりをする。
- またゲームの運営も、役割分担をして子どもたち自身の手で行えるようにしたい。組織性や社会性を身につける意味でも。

みんなでルールを決めて総当たり戦をしよう！

1) 何人ずつでゲームをするか　　（　　　）人対（　　　）人
2) ゲームの時間　　　　　前半（　　）分　後半（　　）分
3) ゲームの始め方（コートとボールをどのように決めるか）
4) スローインのしかた
   ・転がす　・キックイン　・頭の上から投げる　・自由
5) 反則はどんなときか
   例）・手でボールをさわった時　・乱暴なプレー　・危険なプレー
6) フリーキックの仕方
   ・地面に置いてける　・手で持ってける
   ・ゴールキック　　　・コーナーキック
   ・守備側は何mはなれるか
7) ゴールキーパーはどうするか
   （決める　決めない）
8) オフサイドラインを引くかどうか
   （引く　引かない）
9) その他
   注）学級の状況とサッカー学習の到達点に即したルールがよい

係を決めて自分たちでゲームを運営しよう

- 審判、ラインズマン、アナウンサー、記録など
  チームの中で順番で
- ボール係、ライン係、ビブス係など
  チームの中で順番で
- キャプテン会議
  ゲームの組み合わせの決定やルールの確認をする
- コーチ会議
  各チームの技術面での成果の共有を図ったり課題を確認し、その克服の手立てを考え試してみる。（教師のアドバイスあり）

● ルール・ゲーム運営について

① 今までの学習から、人数はゴールキーパーを入れて5対5（4＋1対4＋1）が望ましい。
② 前後半は、各4分～6分ぐらい。
③ 全てのポジションを経験することと、シュートを全員がうてるように工夫する。
④ オフサイドラインについては、学習の進み具合と各チームの技術との関係で判断することが望ましい。
⑤ 今までの学習の成果が発揮できるよう、また、攻撃の時、スペースを見つけてパスを送ったり走りこんだりすることができるよう、いろいろなパターンで作戦をたて練習する。
⑥ どのようなポジション取りをするかもチームの作戦として重要。守備の時は相手をきっちりマークし、攻撃の時は相手のマークをはずす動きをする、という切り替えも大切である。

編著者プロフィール

山本雅行
<small>やまもとまさゆき</small>

1951年生まれ
大阪府枚方市立菅原東小学校教諭
学校体育研究同志会会員
日本サッカー協会D級ライセンス

【著書】
『みんなが輝く体育4　小学校高学年体育の授業』(共著。創文企画)
雑誌『たのしい体育・スポーツ』(創文企画)などに執筆

【主な参考資料】
『新 サッカー必勝大作戦』荒井義行・文／あらいりょうじ・絵　草土文化　1998年
『なでしこゴール！』砂坂美紀他・著　講談社　2009年

イラスト●伊東ぢゅん子／後藤英貴
デザイン●渡辺美知子デザイン室

<small>みんなでなでしこ</small>
まるごと女子サッカー上達法
2012年4月5日　第1刷発行

編著者●山本雅行 ©
発行人●新沼光太郎
発行所●株式会社いかだ社
〒102-0072 東京都千代田区飯田橋2-4-10 加島ビル
Tel 03-3234-5365　Fax 03-3234-5308
振替・00130-2-572993
印刷・製本　株式会社ミツワ

乱丁・落丁の場合はお取り換えいたします。
ISBN978-4-87051-366-2